MARKETING TO GEN Z

THE RULES FOR REACHING THIS VAST—AND
VERY DIFFERENT—GENERATION OF INFLUENCERS

Z世代营销

洞察未来一代、赢得未来市场的通用法则

[美] 杰夫·弗若姆（JEFF FROMM） 著
安吉·瑞德（ANGIE READ）

王宁 译

电子工业出版社
Publishing House of Electronics Industry
北京·BEIJING

MARKETING TO GEN Z: THE RULES FOR REACHING THIS VAST—AND VERY DIFFERENT— GENERATION OF INFLUENCERS by JEFF FROMM AND ANGIE READ
Copyright© 2018 JEFF FROMM AND ANGIE READ
Published by arrangement with HarperCollins Leadership, a division of HarperCollins Focus, LLC.

本书中文简体字版授予电子工业出版社独家出版发行。未经书面许可，不得以任何方式抄袭、复制或节录本书中的任何内容。
版权贸易合同登记号 图字：01-2019-3400

图书在版编目（CIP）数据

Z世代营销：洞察未来一代、赢得未来市场的通用法则 /（美）杰夫·弗若姆(Jeff Fromm)，（美）安吉·瑞德(Angie Read) 著；王宁译 .—北京：电子工业出版社，2020.5
书名原文：Marketing to Gen Z
ISBN 978-7-121-38866-8

Ⅰ. ①Z… Ⅱ. ①杰… ②安… ③王… Ⅲ. ①网络营销 Ⅳ. ① F713.365.2

中国版本图书馆 CIP 数据核字（2020）第 050006 号

策划编辑：张振宇
责任编辑：张振宇
印　　刷：北京捷迅佳彩印刷有限公司
装　　订：北京捷迅佳彩印刷有限公司
出版发行：电子工业出版社
　　　　　北京市海淀区万寿路 173 信箱　　邮编：100036
开　　本：700×1000　1/16　　印张：12　　字数：220 千字
版　　次：2020 年 5 月第 1 版
印　　次：2022 年 6 月第 3 次印刷
定　　价：78.00 元

凡所购买电子工业出版社图书有缺损问题，请向购买书店调换。若书店售缺，请与本社发行部联系，联系及邮购电话：（010）88254888，88258888。
质量投诉请发邮件至 zlts@phei.com.cn，盗版侵权举报请发邮件至 dbqq@phei.com.cn。
本书咨询联系方式：（010）88254210，influence@phei.com.cn，微信号：yingxianglibook。

赞 誉

"本书以深刻的洞见为基础,是Z世代市场营销的实用指南。非常感谢杰夫孜孜不倦的研究,他为我们提供了最新的营销理念和可操作的具体营销策略,激励我们为赢得Z世代消费者而努力。"

斯蒂芬妮·威锡克(Stephanie Wissink)
《消费者研究》杂志总裁

"随着Z世代崛起,2020年,他们已达消费总人口的40%以上,留给我们去了解与研究这一代人的时间并不多。而令人欣喜的是,杰夫和安吉两位作者为我们全方位展现了当下市场中Z世代所扮演的重要角色。本书基于对Z世代行为和态度的深度分析,在他们与以往各代之间画出清晰的界线,为市场营销人制定策略提供了有力的依据。"

唐·福克斯(Don Fox)
Firehouse of America 有限公司首席执行官

"对于想要直接了解Z世代市场营销的人来说,这是一本必备的易读材料。基于扎实的数据研究,《Z世代营销》通过各个行业的品牌实例,为想要赢得Z世代市场的我们提供了可以借鉴的实用策略。"

乔恩·格朗(Jon Grant)
Square Enix 产品与市场营销副总监

"《Z世代营销》中包含了大量调查分析和案例研究,这为品牌赢得第二个'伟大世代'的激烈市场竞争开辟了新方向。"

玛利·麦基雷思(Mary Mcilrath)
C+R研究/年轻节拍公司

"杰夫·弗若姆和安吉·瑞德在《Z世代营销》中为我们详细描绘了一幅Z世代画卷,而我的女儿正是其中一员。我希望这一代人能够看到我们的努力;当然,我也希望他们对于改善社会经济环境充满信心。"

克瑞斯·科斯特洛(Chris Costello)
Blooom 咖啡首席执行官

"作为市场营销者,在读完此书之后,我深感对Z世代了解的匮乏。从开篇到结语,《Z世代营销》中充满令人惊喜的见解和提议。书中的数据和真实案例分析,帮助我更加了解这令人喜忧参半的一代人。我不仅从中获取了诸多信息,更重要的是清楚了是怎样一个群体将成为未来市场的主导,并以乐观的心态做好应对的准备。"

劳里·埃利森(Laurie Ellison)
波士顿儿童医院市场总监

"本书中分享的观点为市场营销者提供了宝贵的指导,帮助他们更好地了解Z世代特征以及他们的影响力并与之有效互动。他们热衷于塑造'自我'品牌,因此,营销策略必须是权威的、真实的且易接近。对Z世代,我们要摒弃过去的'售卖'模式,他们需要品牌做的是支持他们实现更伟大的目标。"

马兰·凯珀罗维斯(Marla Kaplowitz)
美国广告代理协会总裁兼首席执行官

"正在崛起的Z世代看重个性和以消费者为中心的线上和线下服务。本书为我们提供了在与Z世代互动时需要注意的事项,这些经验和建议都是无价的。"

吉尔·克雷西(Jill Cress)
《国家地理》杂志市场总监

"Z世代对待金钱的态度十分保守。《Z世代营销》应当成为品牌营销者和想要了解这一代的人必读的一本书。"

吉尔·科尔(Jill Cole)
Thrivent教育金融集团市场总监

鸣　谢

Z世代市场营销调研项目的开展可以说得上是劳师动众。幸运的是，项目自启动以来，我们得到了来自多方面的支持和鼓励。

Z世代市场营销调研项目以巴克利广告公司（Barkley）和抢先报道广告公司（FutureCast）发表的一系列围绕"了解Z世代"的课题而展开的研究数据（以及二手资料分析）为基础，包括定性研究和定量研究。所有这些工作都是为了更深入了解Z世代消费群体的特征。首先，要感谢我们的合作伙伴在此过程中给我们提供的帮助，他们是：乔·卡拉多、提姆·盖尔、大卫·古庭、布拉德·汉娜、谢尔比·海登、斯凯勒·胡夫、乍得·尼克尔森、杰森·帕克斯、布兰登·肖内西、利亚·斯沃特、格雷格·沃迪卡、梅格·扎茨。正是因为有了他们的贡献，我们才得以对Z世代这一新消费势力的群体特征以及他们与以往世代的差异有了全方位的理解。

接下来，我们还要感谢我们才华出众的高级编辑萨拉·克劳福德、细心且言辞诙谐的初级编辑拉娜·保科纳、天赋异禀的设计师阿特·拉米雷斯、此次担任项目经理的凯利·汤普森、我们的代理公司乔安妮B.贾维。除此之外，我们还要感谢丽莎·蔡斯、艾米·艾伦、锐欧·塞万提斯-瑞德、艾伦·卡丁和她的整个团队。参与此调研项目的还有诸多专家，在初稿审阅中给我们提供了宝贵的意见和建议，他们是：蔡斯·瓦格纳、尼克·巴特鲁、乍得·尼克尔森、乔·卡拉多、詹妮·泰勒、大卫·古庭、皮尔力·沙普璐、艾丽莎·邵尔、安妮·蓝贝蒂和乔什·伯奇。

最后，将我们各自的心得与大家分享。

来自安吉：如果说我们过去一年经历了一场令人胆怯却又振奋的旅程的话，未免有些自谦。那更像是一种热情驱动下的信仰层面上的飞跃，因为我们的工作将为无数市场营销人带来福音。与杰夫·弗若姆、巴克利广告公司以及抢先报道广告公司合著本书对我来说更是一次千载难逢的好机会。我实在无法表达对杰夫的感激之情，他如此信任我，邀请我来共同完成这个项目。我们为这一领域开辟了一个良好的开端，期待未来我们能够走得更远！你们的支持和指正将成为我们前进路上最宝贵的财富。

我还要感谢我的家人及朋友们。谢谢你，布伦特·博文，感谢你在我心中种下了前进的种子，正如你所说："你应该写这本书！"谢谢我的母亲，琳达·霍尔女士，成为我的第一位读者，时常为我心中的种子浇水。谢谢你，史蒂夫·多亚尔，我最忠实的丈夫，谢谢你一直保护和支持着我，从不怀疑我的能力，也不允许我自我怀疑。当然，还有我的孩子们，萨米、亨利和加比·古特雷斯，你们就是Z世代最好的代言人，作为你们的妈妈，我为你们感到骄傲。与你们的朝夕相处，给我在Z世代研究上带来了无穷的启发。

最后，我要感谢史蒂夫·霍尔、肯恩、丽莎·瑞德、帕姆、迪翁·锐思、梅丽莎、道格·杰克森、贝卡·霍奇斯、杰瑞德·多亚尔、特雷弗·多亚尔、迈克·恩斯伯格、霍利·卡任德、斯蒂芬妮·凯利、克莉丝汀·福特、乔希·理查德森以及所有支持和关心我们的人。

来自杰夫：这是我千禧时代的第一本书，它给我带来了满满的成就感。首先要感谢安吉。安吉在著书立说上是一位很有想法的搭档。在合著的过程中，她总是能够精准地把握住Z世代研究的核心和精髓。

感谢给予我支持的家人：我的妻子，朗达；我的孩子们，劳拉、艾比和斯科特。此外，还要感谢比尔·弗若姆、伯尼·弗若姆、杰基·弗若姆、安迪·弗若姆、丹·弗若姆、马蒂·弗若姆、艾迪·弗若姆和朱莉·弗若姆。感谢你们一直以来对我的支持。如果没有你们，此书将无缘与读者见面。

献上我们最真挚的谢意！

安吉和杰夫

序 言

一些品牌可能认为 Z 世代目前还小，微不足道。但是作为 DQ 的首席执行官，我认为这一代人已经显露了强大的市场影响力。这种影响力不仅强大，而且体现在方方面面，例如金融、文化、科技和经济等，强度只增不减。

在 DQ，我们从不将他们称为顾客，我们有的只是忠实的粉丝。作为一家拥有 77 年历史的品牌，了解未来一代的喜好，并与之形成融洽的关系是关乎企业能否发展的大事。从我们的角度来说，我们必须适时改变策略，调整产品以及市场推广手段来吸引年轻的 Z 世代少年们。而这种战略上的调整一定要建立在了解的基础上，清楚地知道 Z 世代是谁，他们如何与品牌发生关联，还要找到不断吸引他们的秘诀，让他们成为忠实的支持者。

在面对千禧一代时，我们就已经意识到他们将主导市场。而现在，千禧一代已经为人父母，Z 世代开始取代他们的核心地位，赢得这一代人将成为今天品牌竞争的焦点。

但是，千禧一代积攒的经验并不能完全适用于这一代人。

正如本书中所提及的，Z 世代的群体特征与千禧一代完全不同。他们是实用主义者，从一出生就被科技紧紧裹住，他们出生于后 9·11 时代，亲眼目睹了第一位黑人总统当选，经历了经济大衰退——这些都构成了这一代人的群体特征。他们习惯于同时进行多重任务，是积极进取和目标明确的一代人，并且对金钱十分敏感。

就算是与家人一同外出，他们也是电子设备不离手，一直不停地在屏幕上进行各种操作。你还能看到他们走出校园去做兼职或是参加公益活动，还能看到他们在演唱会现场手舞足蹈地拍摄短视频，为了上传到 Snapchat 与朋友分享。这一代人善于自我表达、具有奉献精神，同时又勤奋上进、头脑灵活。他们并不仅仅代表未来，他们已经登上了历史舞台。

　　本书详细解释了Z世代崇尚的价值观和信条，这些对于市场营销人员来说，是一直以来都难以完全克服的难题。而本书利用各种数据分析，为品牌呈现了Z世代营销中需要关注的问题，例如广告的真实性、个性和可靠性；品牌应当学会以Z世代喜欢的方式与之互动，让实体店购物也成为一种享受。这些例子只是本书中谈及的营销策略中的冰山一角。Z世代必将改变市场甚至整个世界，而巴克利广告公司和抢先报道广告公司所做的大量细致研究，对于每一位想要赢得这一代人的市场营销者来说，都是极其丰富的参考资料。

约翰·盖纳（John Gainor）
DQ董事长兼首席执行官

目录 | CONTENTS

绪　论……………………………………………01

方法论……………………………………………05

第一章　定义 Z 世代………………………… 1

第二章　移动互联的一代……………………21

第三章　新的互联沟通原则…………………45

第四章　新的市场影响力……………………65

第五章　新的"自我"定义……………………83

第六章　实体店新势力………………………101

第七章　品牌火热、创意很酷………………117

第八章　未来已来……………………………149

说　明…………………………………………159

后　记…………………………………………161

拓展阅读………………………………………163

绪 论

凯特·杰克逊（Kate Jackson）是一位来自密苏里州堪萨斯城的17岁女孩，刚刚结束在Heirloom面包店的洗碗工作。像往常一样，此刻她要匆匆赶回家去完成作业，中途她要在自己最喜欢的墨西哥风味餐厅Chipotle买一份墨西哥肉卷。

凯特是就读于林肯学院预科学校（Lincoln Prep Academy）的一名高中生，同时还在潘谷社区学院（Penn Valley Community College）学习预科课程。明年春天，当她从林肯学院预科学校毕业时，她将同时获得高中毕业证书和Associate's Degree（专指美国大学修满两年课程的肄业证书）。此时她的大学学分已经积满60分，这意味着她可以直接升入大二。而这几年她通过兼职已经攒够了自己的大学学费。

今天，她要提交自己的化学专业申请书，因为该专业将来的就业面会更广。但是凯特最想学的是刑侦专业，所以她为自己设定的目标是考取该专业的硕士研究生，不过这要在出国留学之后完成。在过去的十年里，凯特家共接待过五位外国留学生，因而她对于异国文化充满期待。

课间的时候，凯特喜欢跟自己的几位好朋友一起闲聊。她的朋友们也是形形色色，比如她的男朋友Jose，就是一位墨西哥移民，她的好友Blair是一位白人双性恋者，Sharon是一位黑人性别二元论者。他们在一起喜欢谈论时下流行的热门话题，有时候也在一起看一些搞笑的YouTube短视频。

晚上的时候，凯特会回家陪自己的家人，跟他们一起玩《龙与地下城》游戏，或者自己读书（她自称为书虫）。跟她的朋友们相比，凯特倒是很少在社交媒体上分享自己的动态。她很享受一个人逛街的乐趣，最喜欢的服装品牌是Forever 21（凯特最喜欢这里的"10美元及以下"区域）。业余时间，她经常去附近的动物收容所做义工。但是最近，凯特能够空闲的时间越来越少，因为她既不能耽误学习，同时还要打零工赚取大学学费，为将来做好规划。

凯特和她的朋友们正是 Z 世代的典型代表。

当我们好不容易摸透了千禧一代的脾气，Z 世代作为新的消费力量又迫使我们再次进入新的未知领域。

虽然这一代人是新兴力量，但是他们并没有我们想象的那样神秘难测。他们只是更加意志坚定、聪明、讲求实效、勤奋，且富有进取心。

是不是有些惊讶？其实，每一个新崛起的一代都有着自身独特的态度、价值观和行为模式。Z 世代也是如此，他们的种种特质也都反映出所处的经济和社会环境。作为市场营销者，我们的工作就是去适应社会变化，并做出调整。从以往我们研究千禧一代的经验中可以预知，我们面临的将是非常复杂的难题。

接近 Z 世代需要满足许多条件，它将成为我们职业生涯中浓墨重彩的一笔。毕竟，以凯特为代表的 Z 世代注定肩负着改变世界的责任。

而在改变世界的进程中，Z 世代已经成为最强大的力量：到 2020 年，将占消费总人口的 40% 以上。他们所代表的直接购买力接近 440 亿美元。如果考虑他们对消费市场的间接影响（2015 年 Cassandra 公布的数据显示，93% 的家长承认孩子对于家庭支出具有很大的影响力），这一数字会更高：粗略估算一下家长或是监护人在 Z 世代身上的花费，他们的可影响金额高达 2550 亿美元。进一步来说，如果对整体家庭支出进行分析的话，Z 世代的消费影响力将达到 6650 亿美元。Z 世代的力量是强大的，因而我们面临的挑战将是巨大的。正如凯特为自己设定了非常高的目标，Z 世代对品牌的期待也极高。他们的力量与热情将会给市场带来巨大的变化。

在后数字时代，买方市场影响下，对这一代人的营销并不容易。事实上，很多品牌还沉浸在千禧一代的营销中无法自拔，完全忽视了 Z 世代的潜力。

我们无权对此做出评论，毕竟我们也曾是沉迷其中的一员。千禧一代是我们基于现代消费者营销市场调研机构抢先报道广告公司最早的研究对象。此前我们也出版了关于千禧一代市场营销的书籍。

这两本书分别是：《千禧一代市场营销》(Marketing to Millennials)和《千禧一代父母营销指南》(Millennials with Kids)。

在接下来的研究中，我们把视线转移到Z世代身上，期待将更多的研究成果呈现给读者。对千禧一代的研究点燃了我们的热情，这种热情会一直持续下去激励着我们对Z世代的研究。

为了更好地呈现Z世代的行为特点、世界观以及驱使他们购物的因素，是此书得以问世的原因。希望我们的研究对读者有所帮助。

方法论

本书将围绕以下问题展开：

1. Z世代与千禧一代有何差异？
2. 什么才是Z世代相信和看重的品质？
3. 什么观点影响Z世代消费行为？
4. Z世代消费决策的动因是什么？
5. 品牌如何贴近Z世代消费者？

我们的研究开始于2016年9月，以大量数据分析为基础，研究对象涵盖了各个年龄段人群。研究主要针对各代消费者（Z世代：15—19岁、千禧一代：20—35岁、X一代：36—51岁、婴儿潮一代：52—70岁；数据样本共计2039例，其中Z世代为505例）的购物习惯、态度、价值观以及动机。具体呈现为以下几点：

◆ 对自我（健康/营养）、社会（工作/薪资/事业）、地球（环境/可持续性）和品牌角色的认识；
◆ 对品牌的期待；
◆ 社交媒体上的行为习惯；
◆ 购物习惯（零售店和餐厅）；
◆ 信息获取。

除了量性研究以外，我们用了一个月的时间追踪青少年的购物轨迹，以便更好地了解他们的日常购物习惯以及购物动机。

通过这些研究发现了什么呢？接下来的答案一定会令你感到惊喜。

在Z世代身上我们既能够觉察到传统价值观的影响，又能够看到反叛思想的存在。在以金钱、教育和事业有成作为评价标准的传统观念中，诚实、勤奋这些特质在这一代人身上也显现得淋漓尽致。

但是，他们的价值观又反映了相反的一面，种族平等、性别自由和自我意识是这一代人正在书写的新的现代秩序。社会融合和科技的高速革新，Z世代出生和成长于历史发展的关键时期。千禧一代的梦想是改造社会，而Z世代则完全接过了接力棒帮他们继续完成使命。

我们将在数据分析的基础上，探究形成Z世代代际特点的因素。同时，我们也会对规范Z世代社交的原则以及Z世代如何在如此小的年纪就能够形成自己的个性化特征等问题进行研究。

传统价值观	反叛思想
行为保守	思想自由
专注个人成功	在意同辈评价
对名牌产品感兴趣	不愿遵从传统的服饰性别固化
认为家庭是第一位的	不愿遵守传统的性别偏好
看重学业	更注重知识与未来职业挂钩
惜金、懂得财务规划	放眼全球、目光长远

图 I-1　Z世代传统价值观与反叛思想对比

在这些研究的基础上，我们将会给品牌提出赢得Z世代消费群体的营销策略，并且通过分析社交媒体和市场营销的演变过程，对Z世代的市场影响力加以预测。

本书将以案例的形式帮助品牌了解如何才能制定出更贴合Z世代的营销策略。尽管Z世代中一部分人还处于中学阶段，但是我们的营销战役决不可儿戏。毕竟，今天的青少年已经成为消费市场中最有力量的群体；他们对品牌已经形成了自己的偏好和购买习惯，企业主动出击必须迎合他们的需求。

我们花费很多年的时间研究如何与千禧一代互动，如今很多市场营销人员都还没有做好应对Z世代的准备。不可否认，Z世代已经向我们的营销方法和策略发起了挑战，强烈要求我们遵从他们的意志，支持他们改造世界的愿望。只有接收到这一信号并且依据新规则制定方针策略的品牌才能赢得未来市场，反之则被淘汰。我们都期待看到最好的结局。

Z 世代营销

第一章
定义 Z 世代

关于千禧一代与 Z 世代的界限如何划分，目前并没有定论。人口统计学家认为第一批 Z 世代出生于 20 世纪 90 年代中期至 21 世纪初期。为了便于陈述，同时基于我们以往的研究，本书将以 1996 年和 2010 年为参数。

按照出生年份不同，我们对现代人口代际划分做了粗略界定（注：不同文献中具体出生年份略有不同）。本书后续对 Z 世代与其他年代人口共性与差异的讨论都会以此时间为参照：

沉默的一代：1925—1945 年出生。

婴儿潮一代：1946—1964 年出生。

X 一代：1965—1978 年出生。

千禧一代（即 Y 一代）：1979—1995 年出生。

Z 世代：1996—2010 年出生。

Z世代营销

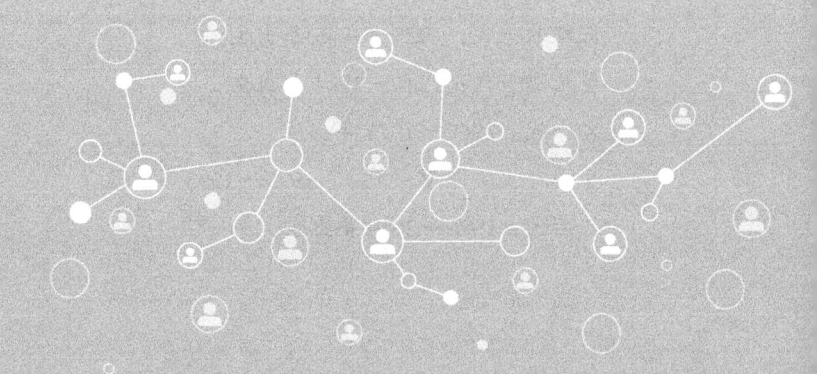

经历变革的一代

人的代际划分除了与出生年代相关以外，还与这一代人早年经历的重要事件有关。每一代人都会对早年发生的重大事件印象深刻，这些经历构成了一代人共同的性格特征，影响他们日后的人生观和世界观。

举个例子来说，Z世代出生于9·11事件发生的前后几年，他们对此几乎没有任何记忆；然而，对于千禧一代来说，这次恐怖事件造成的破坏性后果却给他们留下了无法抹去的痕迹。对他们来说，每当聊到这一天，情绪就会马上激动起来，他们会回忆起恐怖事件发生那一刻他们在哪里、在做什么，当第一架飞机撞击大楼的时候他们的感受。对于一些人来说，这是他们第一次感受到恐惧。那段时间，关于恐怖事件的报道和应对举措的文章铺天盖地，他们第一次开始思考要如何去面对一个破碎的世界。

相对于千禧一代，Z世代面对的不是恐惧，而是变革和发展。当贝拉克·奥巴马作为第一位黑人总统被簇拥着走进白宫办公室的时候，Z世代见证了这一刻，感受到了什么是真正的进步。在那一天，为种族平等而进行的战斗达到了顶峰；当奥巴马再次当选，Z世代接过了斗争的旗帜，继续奋斗。

让我们再来看一下每一代人所经历的重大事件，正是这些事件定义了一代人的基本特征（见表1-1）。

从每代人经历的重大事件和这些事件对他们人生观、世界观的形成所产生的影响来看，沉默的一代和婴儿潮一代要比千禧一代更为接近Z世代。鉴于千禧一代已经开启了"纯真流逝"的年代，Z世代已然不可避免地被卷入恐怖主义的背景之中。正如他们的祖父和曾祖父一辈经历过二战与大萧条时期一样，Z世代成长于9·11事件以后，正值经济大衰退期。

有些人将Z世代称为"千禧一代的延续"，而我们并不认同这一观点，我们将会在后续的阐述中给出有力的证明。

沉默的一代	婴儿潮一代	X世代	千禧一代	Z世代
1925—1945年	1946—1964年	1965—1978年	1979—1995年	1996—2010年
大萧条 黑色风暴 第二次世界大战 麦卡锡主义	越南战争 伍德斯托克音乐节 民权运动 肯尼迪总统遇刺案 水门事件 太空探索	柏林墙倒塌 挑战者号失事 艾滋病 音乐电视 伊朗人质危机 沙尘暴	9·11事件 科伦拜校园事件 谷歌 社交媒体 电玩游戏 千年虫	全球大衰退 伊斯兰国组织 胡克小学枪击案 婚姻平等运动 第一位黑人总统 民粹主义兴起

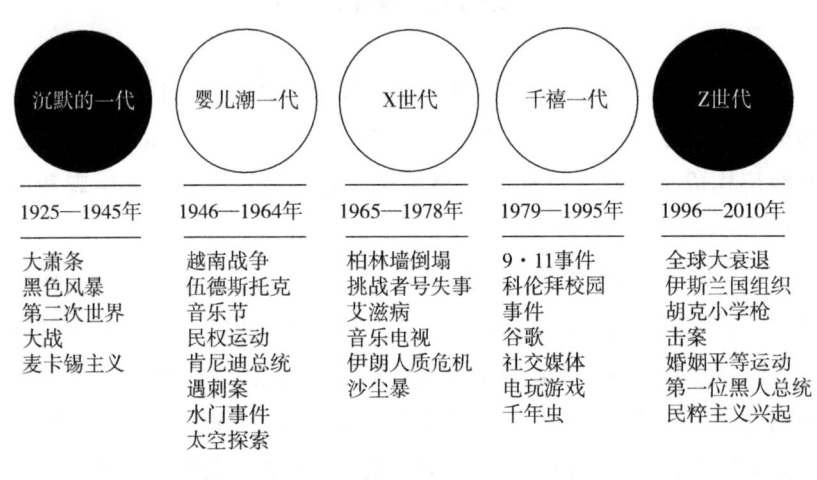

图1-1 每代人经历的重大事件

2017年我们同巴克利一起做了一项题为《认识Z世代：与千禧一代差异》的研究，其中我们使用了"Z世代"一词来定义这一代人。他们从行为模式和思想态度上都不再效仿千禧一代，并且正在逐渐形成更加觉醒的社会意识和多样化的社会特征，消费模式也与上一代人迥异。

第一代"后种族主义"者

毫无疑问，Z世代成长于社会规范发生巨变的现代社会，他们将会成为第一代"后种族主义"和"后性别主义"者。

——格蕾丝·马斯巴克（18岁）

《Z世代的呼声：了解美国下一个伟大一代的特性》

每一代人都在遵循自己的步调推动着历史的发展。无论是公民自由、科技进步、环境保护还是艺术复兴，每个十年都像是一个新的纪元。而Z世代所经历的文明，则超过了以往一代成就的总和。

格蕾丝·马斯巴克（Grace Masback），一位典型的Z世代激进派青年，在她的著作《Z世代的呼声：了解美国下一个伟大一代的特性》（*The Voice of GenZ: Understanding the Attitudes & Attributes of America's Next "Greatest Generation"*）一书中，慷慨激昂地夸赞她们这一代人的价值观。在她看来，"尽管我们'看见'了种族的差异，但是我们生存的社会环境允许我们打破种族界限，与任何人成为好友。"

这样一位写作天赋异禀的激进主义青年，代表着千千万万Z世代群体的普遍特性，即多样性与包容性共存。产生这一现象的主要原因是西方以白种人占主导的社会结构正在瓦解。

Z世代将会成为最后一代白人主导的群体。直观地来看，在18世纪早期，美国数量排名前三的姓氏分别为史密斯（Smith）、约翰逊（Johnson）和威廉姆斯（Williams）；最近的人口普查显示，加西亚（Gacia）、马丁内斯（Martinez）以及罗德里格斯（Rodriguez）也已名列前茅。

让我们进一步来看：

◇ 在Z世代人口结构中，白种人占55%，拉美裔占24%，非裔占14%，亚裔占4%；
◇ 而另一方面，在婴儿潮一代人口结构中，白种人占到了70%（见图1-2）；
◇ 在2013年的新增人口中，混血儿占10%，这与1970年的1%形成了鲜明的对比（见图1-3）；
◇ 在过去的30年里，跨种族婚姻增长了400%（其中亚-美婚姻增长了1000%）；
◇ 此外，"黑白"混血儿上涨了134%，白种人与亚裔混血儿上涨了87%。

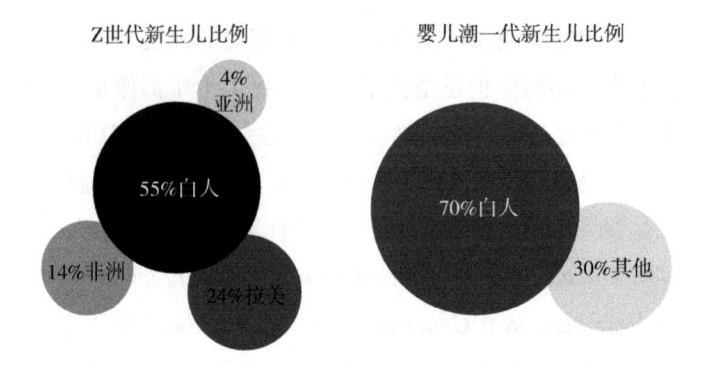

Z世代新生儿比例　　　婴儿潮一代新生儿比例

4%亚洲
55%白人
14%非洲
24%拉美

70%白人
30%其他

图1-2　种族构成：婴儿潮一代 VS Z世代

1970年
1/100
混血儿

2013年
1/10
混血儿

图1-3　新生混血儿占比：1970年 VS 2013年

从这组数据不难看出，面对多元文化，Z世代首当其冲。他们对待种族问题拥有超过自身年龄的睿智。

"我们"并非如你们所想

"我所接受的教育教我'如何做出改变'，而非'是否要做出改变'。我深受成长环境的影响，热衷于变革。"

——齐亚德·艾哈迈德（18岁），Redefy创始人以及J·V联合创始人

这位18岁的少年为推动种族平等而做的贡献得到了美国总统奥巴马的认可。齐亚德·艾哈迈德（Ziad Ahmed）创办青年种族维权机构Redefy的目的在于向种族歧视和性别歧视发起挑战。同时，他创办的J·V青少年咨询公司，也旨在为黑人青年发声。

人们总是认为青少年是焦躁不安与鲁莽的一代，常常说："现在的孩子，真是无法无天！"

但是Z世代身上却有一些超出他们年龄的特质，比如勤奋、坚毅、独立、财务自由等。他们也不像前几代人在青少年时期那样耍酷甚至冒险，比如喝酒、吸烟或尝试毒品。相反，从他们正直与忠诚的品质，以及取得的成绩来看，他们的行为更为保守。

时间的钟摆有时也许会倒退，但是我们生活的今天与50年前已大不相同。虽然我们看到Z世代行为更加传统，但是他们的上一代，也就是千禧一代并不是这样的。这两代人都经历着科技进步，整个社会都已迈进数字化时代。

开挂的不是千禧一代

"（商家针对Z世代营销）最大的错误在于没有将我们与千禧一代区别对待。他们会问：'有什么区别吗？'区别就在于我们懂得不靠别人施舍，靠自己争取。"

——康纳·布莱克利（Conner Blakley，18岁）
Youthlogic创始人 *Bands* 作者

当然，不去比较千禧一代与Z世代，说起来容易做起来难，毕竟过去的十年人们对市场的研究都集中在上一代身上。如果不把这两代人的特点逐一比较，是很难区分开的。

那么，接下来，我们就进行一下比较。

两代人最显著的共性是对科技的熟悉度以及每时每刻的网络接入需求。他们都依赖社交媒体和广泛的朋友圈，更喜欢与他人分享自己的生活。同时，他们积极与热爱的品牌互动，希望靠自己的力量改变世界。

但是，不要让这些共性误导了你。"像对待年轻的千禧一代一样对待Z世代，看不到Z世代对产品的新观点、新想法、新需求以及新期待"，这是一个巨大的错误，我们绝不可掉以轻心。

让我们对这两代人再做一个具体的比较。例如，Z世代的青年可以同时操作五个设备（电视、手机、笔记本电脑、台式电脑、写字板或是手拿的游戏装置），而千禧一代的人通常能同时操作两个设备（电视和手机，或者手机和笔记本电脑，等等）。

由于科技发展突飞猛进，4D技术趋于成熟，Z世代接触的都是高清设备，立体声像。处于社会发生巨大变革的时代，他们能够接触的资源更加丰富，因而相较于千禧一代，对待工作和金钱更为现实（见图1-4）。

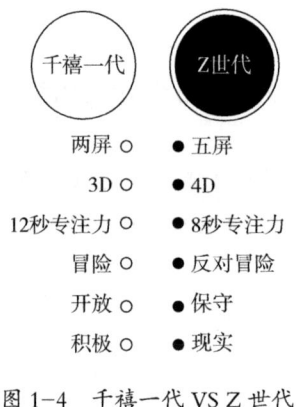

千禧一代	Z世代
两屏	五屏
3D	4D
12秒专注力	8秒专注力
冒险	反对冒险
开放	保守
积极	现实

图1-4 千禧一代 VS Z世代

内力驱动的一代

"人们总觉得自己可以忽略肤色差异，但每个人都不可避免地关注到了这种差异。这并不是能否看到肤色差异的问题，而是如何对待不同肤色和文化背景的人。你要承认人们就是来自不同文化的国家，并且认为这是一件很酷的事情，接受不同的肤色就像接受不同的文化一样自然。人们越包容，世界就会越来越好。"

——克洛伊（Chloe A.，18岁）

Z世代总是想要改变世界，并且有很强的行动力。

我们在成长过程中所看到和经历的一切都会影响性格的塑造，这些因素包括当时流行的音乐、盛行的食物、时尚潮流、家人以及文化价值观，对 Z 世代来说，也是如此。驱使这一代人行动的影响元素不胜枚举。因此，想要真正了解这一代人，需要全面地审视。

正在崛起的 Z 世代

科技

"今天的青少年同样会经历青春期，以及随之出现的各种问题。但是，科技的进步使得这一代人在处理这些问题的时候与以往各代都不相同。"

——克里斯·哈德森 《科技塑造的 Z 世代》

今天的青少年是完全成长于后数字时代的第一代人。他们并未经历过没有智能手机和社交媒体的年代。对他们来说，世界就是如此，而数字产品就是日常生活的一部分。有人认为千禧一代也具备这一特征，针对这一观点，汤玛斯·辜洛普罗斯（Thomas Koulopoulos）与丹·凯德生（Dan Keldsen）在合著的《Z 世代效应》（The GenZ Effect）一书中指出："我们认为千禧一代是数字原著民 Z 世代的前测员。"

对于 Z 世代来说，科技的存在是隐形的，用户体验要毫无漏洞且高速，最好是完全无察觉的。当然，手机工作起来更应该是无疵可寻。如果他们在使用数字设备的时候明显感觉到了它的存在，一定是产品设计出了问题。

多任务化

"Z 世代能够迅速地在多个任务之间切换，游戏与工作的界面可以同时开启。他们口中谈论的也都是同时进行多个任务。"

——乔治·比尔 《Z 世代与千禧一代的八个差异》

Z世代类似于金鱼的8秒专注力常常被诟病。但是，这并不意味着他们缺乏专注力，事实上他们大脑适应数字化环境的速度，比以往任何一代人都要快很多。他们已经习惯于接收海量信息后迅速处理。

他们能够在8秒内迅速筛选出有价值并能引起兴趣的信息。

如果跟这些孩子的父母交谈，他们会向你描述许多个"多任务同时进行"的场景。例如，他们的孩子可以在写读书报告的同时与一帮好友在电脑上打游戏，还能进行视频聊天，并且在几个活动之间自由切换。

智商

叫他们"怪咖"？没问题！他们根本不在意，反而觉得这是一种褒奖。他们非常推崇自己的智商、职业道德和创造力。Adobe公司的一项研究表明，Z世代中56%的学生很早就开始思考自己的理想职业，88%的人有上大学的计划。这些孩子不仅有目标，而且具备实现未来梦想的品质。

Cassandra数据库的最新报告显示，Z世代中89%的青少年表示他们的业余时间都用于进行创造性的活动，而不是闲着无所事事。2015年，在尼尔森（Nielsen）公司的一项题为《全球一代生活方式：居住、饮食、娱乐和工作》(Global Generation Lifestyles: How We Live, Eat, Play, Work and Save for Our Futures)的调查中，更多的人选择读书作为消遣，而非观看电视。

那么，他们在读些什么呢？Teen Vogue杂志2016年12月刊登的《唐纳德·特朗普煤气灯操纵我们所有人》在推特和其他主流媒体上成为焦点。10年前的青少年杂志显然还没有这样的深度，也不会刊登如此有争议的政治话题。如今的青少年不仅对国内外热点问题感兴趣，更重要的是他们希望参与其中，发表自己的看法。

他们看上去智商更高了？确实如此，并且比上一代人更成熟。有些人认为这是因为他们不得不快速成长以适应社会的高速运转。而无论是否为现实所迫，现在的家长和孩子都希望提早为适应"现实社会"

做准备，适应新的媒介环境。

社交媒体

2010年，第一批出生的Z世代少年大约14岁，这时社交媒体已经成为主流，Pinterest、推特和Snapchat开始风靡。几乎同一时间，Facebook和推特的用户量分别达到了10亿和5亿。的确，这一代人从懂事开始，就已经处于完全的社交媒体时代。

而在传统社交媒体平台的使用上，Z世代也是占据主导地位的。千禧一代在社交媒体上"过度分享"的模式已经不再受他们推崇，Z世代更愿意选择"小众分享"，喜欢"特定的"人物和故事。我们具体分析他们使用频率最高的媒体平台，就会发现，这一代人倾向于精挑细选的分享，而不愿意把时间花在生活琐事类的分享上（见图1–5）。

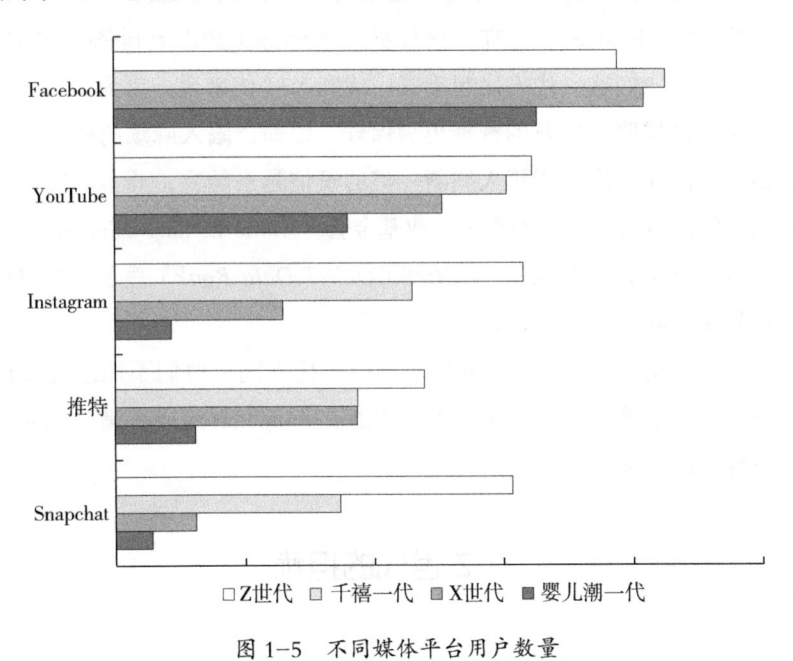

图1–5　不同媒体平台用户数量

与上一代人相比，Z世代更为睿智，善于从前辈的失误中反思，对分享到网上的东西也更为慎重。然而，他们也并非事事都如履薄冰，也会以非常自然的方式去展现他们"未被过滤"的本性，只是尽量避免那些会引发朋友圈或是社交平台争议的内容。

因而，品牌在社交平台上的推广一定要隐于无形。除非品牌理念能够做到与平台合二为一，否则，任何形式的"推销"都不会引起这一代消费者的共鸣。那么，传统的营销手段就成为下下策，社交媒体上的推广必须如聊天般自然和流畅。

如果你在社交平台上"卖东西"，一定会以失败告终。

最好的方法是倾听他们的声音，投其所好，与之建立信任，这样才能打开销路。我们会在第二章中具体探讨这个话题。

谨小慎微

Z世代成长于更为不稳定的社会环境下，内心更渴望安全。莱恩·司各特（Ryan Scott）在《福布斯》（Forbes）杂志上刊登的一篇文章中提到，他们这一代人比起千禧一代和X一代来说，更为谨慎，不再愿意尝试风险，职业的选择更为保守。因而，陷入麻烦的概率也要低很多，例如，像未成年人酗酒一类的事情越来越少，开车系安全带都是自然而然的行为。安妮·凯西基金会（Annie E. Casey Foundation）2016年《儿童统计数据书》（KIDS COUNT Data Book）显示，未成年少女分娩数量也在持续下降。

正如前文所提到的，Z世代与千禧一代不同，他们不愿意过多地将自己暴露于外在世界之中，更不愿意在Snapchat这样充满变数的社交平台上留下太多记录。

Z世代的担忧

恐怖主义与暴力

"恐怖主义对我们这一代人的影响是方方面面的。9·11事件、科伦拜校园事件、ISIS的存在使得我们渴望安定的社会环境，也愿意为此付诸行动：我们期待改变。没有任何一代人像我们一样被恐怖主义所笼罩。"

——珍妮·利特尔 《Z世代：我们是谁》

我们大部分人记得9·11事件以前，无论是我们的机场、学校、电影院或是音乐会，都还是安全的场所。不幸的是，对于Z世代来说，对此几乎没有什么记忆。他们眼中看到的是曼彻斯特爆炸案、波士顿马拉松爆炸案和奥兰多枪击案这样一起又一起的悲剧事件，令人痛心的是，这已成为他们生存环境里的常态。

这就是为什么恐怖主义与暴力成为这一代青年人最担忧的事情。致力于全球教育研究的瓦尔基基金会（Varkey Foundation）做过一项关于恐怖主义对Z世代影响力的调查。数据显示，82%的美国青年人认为当今社会，恐怖主义和暴力事件是十分严重的。

Z世代非常确定，并且承认世界并不完美，甚至认为世界是极其恐怖的。一个品牌若是在营销中被刻画得过于理想化，或是夹杂了虚假信息，那绝对可以称之为致命的错误。这一代是现实主义的推崇者，期待与日常生活密切相关的真实内容，不再为理想主义买单。他们希望产品能折射出他们的真实生活，而不是海市蜃楼般的吹嘘。

经济

Z世代经历了自二战以来全球范围内最大的一次经济危机——全球经济大衰退。虽然危机爆发的时候，这一代人还很小，但是经济衰退产生的后续问题，严重影响了Z世代。

幸运的是，我们还能看到一线生机。作家克里斯汀·哈斯勒（Christine Hassler）说："成长于不稳定的经济环境中，父母一代（X一代）生活俭朴且天性多疑，使得Z世代形成了更明显的金钱意识。"

财务稳定对这一代青少年来说极为重要，他们很早就开始为自己做打算。林肯金融集团（Lincoln Financial Group）公布的Z世代最早设立金融账户的平均年龄为13岁。并不是我们以为的，从大学才开始；

而且他们更愿意接受报酬高的兼职工作，并且开始考虑退休后的生活问题。还有一些人已经在学习理财知识，高中和大学也都设置了理财课程。

多数大学生已经意识到好的工作不只是为简历锦上添花，更重要的是提供一份经济保障，因而会更多地考虑如科学、技术、工程、数学等专业，即使与自己的兴趣相悖。这与千禧一代"以理想为导向"的择业观完全不同。美国知名商业杂志《快速公司》报道了这一代人的财务稳定趋势："他们非常热衷于攒钱，以此应对瞬息万变的职场。"

"我一直在努力攒钱。通过学习理财课程，让我认识到坚持攒钱，利息会越滚越多。账户上不断上升的数字让我很有满足感。"

——萨米·G（Sammy·G.，18岁）

Z世代在消费上很注重性价比。在接受美国商业内幕网站（Business Insider）采访时，安永（Ernst & Young）发展战略和创新零售执行董事Marcie Merriman说："他们看中的不仅仅是某个价格可以买到的产品是什么，他们还会询问产品的附加款项，比如是否包邮、附加服务等问题。"

Z世代的信条

家庭关系

Z世代更愿意和父母分享自己的兴趣爱好，这一点与以往各代不同。他们经常与父母坐在一起听音乐、看电影或是电视节目（尽管他们使用的都是无线设备，而父母一代还停留在有线设备上）。Z世代只要有时间就会选择与父母相处，并不会觉得尴尬，反而很享受在一起的时光。

18岁的Ellie.B是典型的让父母参与自己小世界的Z世代少年，他说："我会跟我的父母分享很多事情。我希望他们了解我的一切，但是并不包括过于奇怪或是私密的事情。我认为与父母建立良好的亲子关系很重要。"

从图 1-6 中的对比我们可以发现，作为父母的 X 一代和婴儿潮一代在抚养方式上是不同的，这也是千禧一代与 Z 世代存在差异的原因。图 1-6 的调查结果来源于迈进传媒（Magid）对"二十一世纪第一代居民"的研究，这份研究类比了婴儿潮一代（千禧一代的父母）和 X 一代（Z 世代的父母）的不同之处。

X 一代	VS	婴儿潮一代
通过"监督"保护孩子		通过"参与"保护孩子
什么对"我的"孩子有益		什么对"这样的"孩子有益
教孩子如何取得成功		给孩子提供成功需要的条件
现实派——做你擅长的		激励派——你能做到任何想要做的事情
只有最棒的人才能成功		每个人都会成功

图 1-6 育儿理念对比

从 Z 世代开始，人们普遍意识到亲子关系的重要性。2016 年，森西斯公司（Sensis）在《我们是 Z 世代》的报告中指出，Z 世代的偶像多为自己的父母，尤其是妈妈。这一情况在拉美混血和非裔混血中更为显著，超过 80% 的青少年认为他们的父母是自己生活中的"超级英雄"，那些明星或是其他公众人物无法超越父母的偶像地位。

多样化和平等

"2008 年的总统大选对我们产生了巨大影响，希拉里·克林顿与贝拉克·奥巴马的竞选让我们看到了两性平等和种族平等。对我们来说，那意味着一切皆有可能。"

——格蕾丝·马斯巴克 《Z世代的呼声：了解美国下一个伟大一代的特性》

每一代人所处的社会环境造就了这一代人的行为模式。对婴儿潮一代来说，当时的社会主流是反对"正流派"，千禧一代是"环境保护主义"，而Z世代经历的则是"人权平等运动"。

2015年，美国针对全国大一新生的一项调查报告显示，相较于50年前的青年人，这一代人的政治与社会事务参与度非常高，积极参与到种族平等、性别平等和性取向平等的运动中。这背后体现的是这一代人自我认知度的上升（见图1-7）。

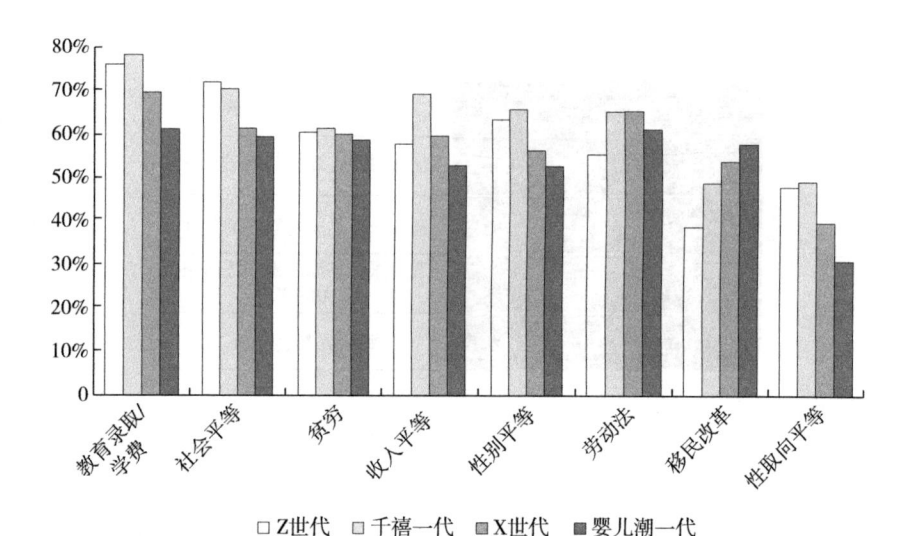

图1-7 社会焦点问题重要性

由于Z世代态度更为保守，在权利平等问题上也显示出这一特征。FTI咨询公司的一项调查发现，75%青少年投票支持婚姻平等，83%的人表示支持变性人享受婚姻平等的权利。另一项调查显示，这一代人反对性别二元对立论，只有48%的受访者认为自己是完全的异性恋者，而千禧一代为65%。

成功源于努力

"我相信如果你在面对困难的事情时,有足够的勇气和决心并付诸行动,那就足够了。"

——利亚姆·H(17岁)

在受访的青少年中,超过半数的人认为个人成功是生命中最重要的事。这一比例几乎高出千禧一代10%(见图1-8)。社交媒体是造成这一变化的主要原因。每当孩子们取得一点儿小的成绩,就会立刻发布到社交软件上,期待别人知晓。

这一代人正在改写那句古老的谚语"没有消息就是好消息"。今天的他们更信奉"没晒图等于没发生"。如此看重个人成就感的Z世代总是积极分享自己的好消息。

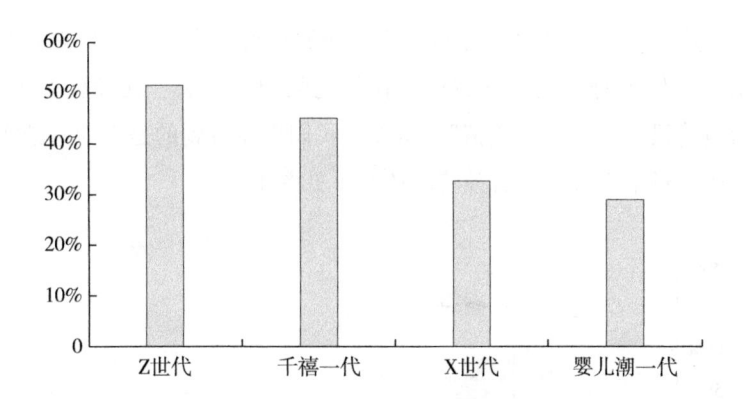

图1-8 个人成功对每一代人的重要程度

此外,受到经济大衰退的影响,千禧一代在考虑购买物品时,会下意识地判断"是否值这个价格",决不会轻易把自己的血汗钱花在不必要的物品上。因此,在他们的消费理念中,总是经验胜过一切。"以经验为导向"的特质在千禧一代身上表现得最为突出。

然而，Z世代已经从"是否值这个价格"的思维模式转变为"我要努力挣钱买下它"。

Z世代置身于各种负面消息满天飞的大环境中，更愿意透过实践的镜头看到生活本身。皮尤研究中心（Pew Research Center）的一项数据显示，这一代青少年接收到的负面新闻与正面新闻的比例高达17∶1。所以他们更害怕失败，对成功的欲望更加强烈，并且很清楚为此需要付出巨大的努力。

根据我们的调查，69%的少年相信成功与运气无关。考虑到他们的父母一辈多为X一代，天生的愤世嫉俗、怀疑一切，由他们抚养长大的Z世代自然更推崇努力的价值。

对于成功的形式而言，他们也更倾向于个人的成功，并且认为成功取决于个体的努力程度。

在Z世代的等级排序里，分数远高于其他项，排在第二的是大学入学。

当然，这样的排序也许和他们所处的年龄段有关，但是它能够反映出这一代人身上的一些特质。在他们眼中，千禧一代没什么出息，因为他们只知道"追求激情"。所以，我们现在看到的是更为脚踏实地的一代，对个人成功有着独特的情怀（见图1-9）。

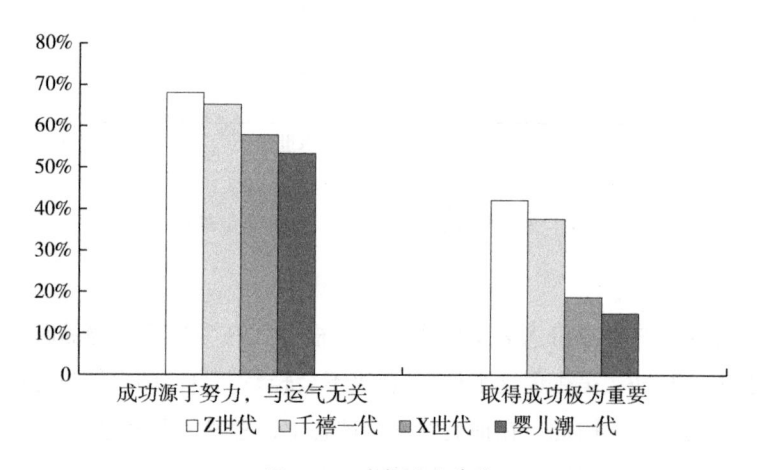

图1-9　对成功的看法

驾驭他们的力量

和千禧一代一样，Z 世代的诞生再一次推动产品的变革，商家要想生存并发展下去，就要重新审视用户需求。Z 世代是非常骄傲的一代，他们相信自己的高智商和判断力，适应多样化的社会环境，重视家人的陪伴。他们相信成功源于努力，也知道科技能够让他们的工作和生活更为便利。

Z 世代青少年日常生活非常丰富，他们愿意尝试各种可以达成目标的行动。他们乐于向自己信任的人寻求帮助和支持。这样开放的态度为商家提供了很好的机会，去推出真实有价值的产品。

记住这一点，让我们来总结一下品牌成功的必要准备。当然，我们承认这世上并没有一种放之四海皆有效的模式，但是深刻的见解可以帮助我们更接近这一代极为复杂又极具影响力的消费者。

重点回顾

全新的定义。我们用"Z 世代"来指代这一代人。他们从行为模式和思想态度上都不再效仿千禧一代，并逐渐形成更加觉醒的社会意识和多样化的社会特征。

☐ 成熟的思想。Z 世代少年更为理性地看待金钱、教育和职业前景，对成功有着强烈的欲望，思想成熟且保守。

☐ 科技隐于无形。对于 Z 世代来说，用户体验要毫无漏洞且高速。如果他们在使用数字设备的时候明显感觉到了科技的存在，一定是产品设计出了问题。

☐ 主张平等。Z 世代推崇自身的独特性。不会采用双重标准对待外界事物。

☐ 敏锐的市场嗅觉。忘记"一定会成交"的思维定式吧！这一代人比你想象的更睿智，他们要的是"合作"而不是"推销"。

Z 世代营销

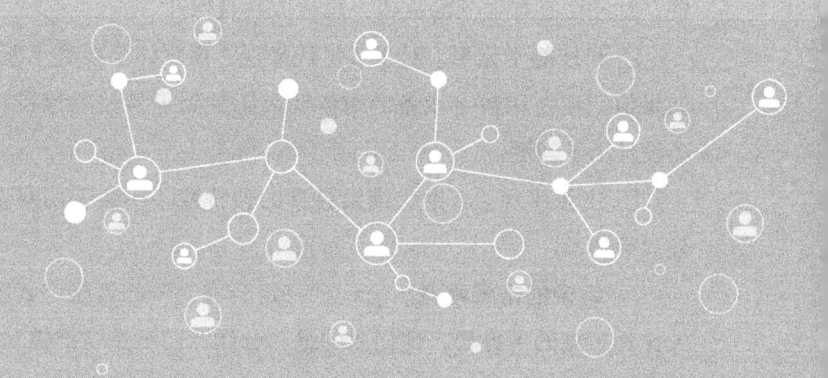

Z世代营销

第二章
移动互联的一代

"千禧一代是在成长过程中逐渐适应电子设备的使用的，他们最开始接触的是笔记本电脑，然后是 iPod、iPad 和 iPhone 等智能产品。但是 Z 世代一出生就已接触成熟的数字产品，他们是第一代能够在与朋友视频通话的同时还可以给妈妈发信息，并且顺便叫个比萨外卖的。"

——康纳尔·布莱克利（Conner Blakley）

在父辈和祖父辈眼中，Z世代仿佛一出生就具备使用电子设备的能力。这听上去有些夸张，但是我们不得不承认，对科技他们确实无师自通。

这一代孩子还没有学会说话的时候就已经知道"滑动屏幕"这样的操作。他们认为在电视或是其他设备上看到的图像都是由可以翻动的"分离的"图片组成的。

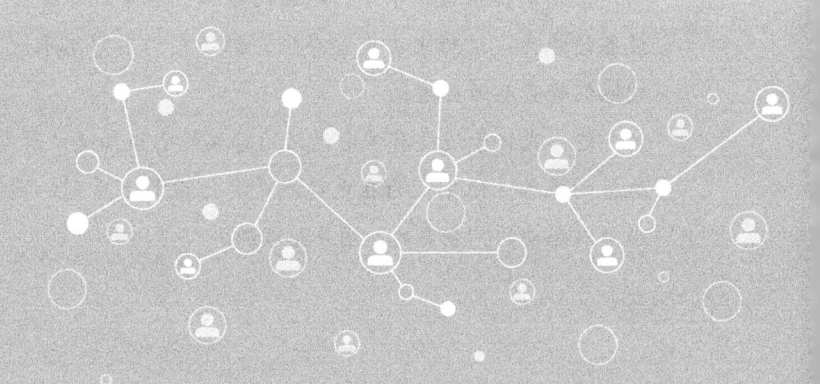

这种思维的发展可能与父母的抚养方式有关。以前的孩子在蹒跚学步期，通常是围着电视机看《芝麻街》这样的节目，而现在呢？无论是在车里还是餐厅里，为了让孩子安静下来，父母会给他们一部智能手机或是平板电脑玩儿。而这样的场景已经不仅局限于客厅，孩子们手上似乎永远都捧着手机。

难怪我们会将 Z 世代视为第一代"完全的移动设备用户"。他们从未经历过没有智能手机的年代，也不知道无法接入网络是怎样的体验。2017 年，IBM 商业价值研究院（IBM Institute for Business Value）与美国零售联合会（National Retail Federation）的一项研究表明 75% 的青年消费者将手机排在最常用的设备的第一项。他们认为社交网络需求必须得到满足（见图 2-1）。

对于 Z 世代的很多孩子来说，他们最早的照片是胎宝宝期的"超声波图片"，并且在出生以前就已经"留下足迹"。我们并非是在开玩笑。90% 以上的父母都晒过孩子的胎儿照或是胎足印，并且孩子也并没有觉得父母的做法有什么不妥的地方。

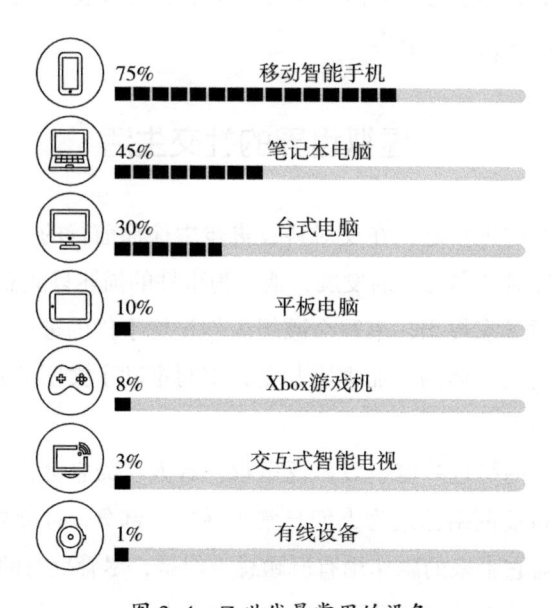

📱	75%	移动智能手机
💻	45%	笔记本电脑
🖥️	30%	台式电脑
📱	10%	平板电脑
🎮	8%	Xbox游戏机
📺	3%	交互式智能电视
⌚	1%	有线设备

图 2-1　Z 世代最常用的设备

一些父母在自己的账号上记录和分享孩子成长的每个片段，还有一些父母则使用孩子的名字注册账号，并以孩子的名义晒图。这些做法引发了不小的争议。有的人认为过度分享，不利于保护孩子的隐私。

但是不管怎样，社交平台已经成为Z世代成长必不可少的一部分，记录着他们的日常生活——从家庭到学校，并影响着他们的世界观和人生观。他们一方面离不开自己熟悉的数字虚拟世界，另一方面又会有意识地避免持续不断地曝光自己的生活。这种矛盾的做法成为这一代人一个显著的群体特征，即自信与不安、渴望与世界的关联又渴求私人空间。

因为他们一出生世界已然是数字的世界，因而科技与社交媒体在他们眼中也只是生活的一部分。他们并不觉得智能设备是"生产力的巨大变革"。网络只是他们生活的一种方式，是与家人、朋友互动和娱乐的一种途径而已。

但是，对于营销来说，并不意味着简单的地点迁移，只是从传统的电视、报纸等广告媒介转向社交平台并不能引起Z世代的兴趣。他们需要的是更具创造力和灵活多变的产品帮助他们塑造自己的社交圈，以适应忙碌的现代生活节奏。

虚拟世界的社交生活

人类文明的进步总是在反对科技进步中徐徐前行的。即便是苏格拉底也曾经反对"书写"的发展，他认为事件的描述只能靠口口相传。这位伟大的哲学家提出，书写会减缓人们记忆事件的进程，并且让事件看上去不再是立体的。而事实却是，书写推动了文明的发展，成为社会进步的动力。

同样的，网络也一度引发广泛争议，有人认为它会让人们变得越来越愚钝。目前网络已成为人们日常生活的一部分，社交媒体的兴起确实让人们对它带来的副作用有所顾忌。但是，尽管反对的呼声高涨，从整体上来看社交网络促进了自然的社交行为。

当然，它的消极作用也是明显的。社交网络直接影响人们的自我认知。CNN 的一项针对 13 岁少年的调查显示，他们每天平均查看 100 次社交平台以寻求认同。研究人员对这样的上瘾行为感到十分担忧。其他一些研究也发现了类似的问题，认为这种寻求自我价值的方式有可能引发沮丧（详见第五章）。

由于 Z 世代目前还处于青春期，家长、学校和心理专家就社交媒体对他们产生积极影响还是消极影响这一问题持不同的观点。支持与反对的声音各占一半。

《美国女孩：社交媒体与青少年的秘密生活》（*American Girls: Social Media and the Secret Lives of Teenagers*）一书的作者南希·乔·塞尔斯（Nancy Jo Sales）说："社交媒体让一部分青少年更为自信，更有存在感；同时也有一部分青少年成为网络暴力的受害者。"由于这些孩子每天都要使用社交网络，它的积极作用与消极作用是并道而行的。

美国著名企业家加里·维纳查克（Gary Vaynerchuk）在 2016 年的博客中写道："科技并没有改变我们，它只是让我们做起事情来更容易。"

对于那些怀疑 Z 世代社交能力的观点，维纳查克反驳说："在学校里交不到朋友的孩子如今有机会到网络平台上寻找安慰。"在网上，找志同道合的朋友建立朋友圈只不过是点几下鼠标就能实现的事儿。

维纳查克还有一个关于科技进步的著名论断："每一种新的媒介的出现都会伴随着质疑，担心新的发明将摧毁现有社会。事实上，人们总是渴望新的娱乐方式、消费媒体、与这个世界紧密联系在一起。"

沉着、高冷、联系

由于 Face Time、Snapchat、Skype 和 Google Hangouts 等软件的出现，Z 世代的社交联系非常紧密。他们完全不需要面对面，也能够自由交流，不受"视线、声音和图像"的限制。想象一下，如果我们（30 以上的年纪）在十几岁的时候也能拥有这么多智能工具，那该是什么样的场景！我们的社交生活早就一路开挂了。

IBM 商业价值研究院与美国零售联合会在 2017 年做的一项调查表明，73% 的青少年表示发信息和聊天是他们使用手机做得最多的事情。这显示与外界保持联系是人的最基本的需求之一。这份调查还揭示了一个事实，这些孩子的社交圈集中在关系最亲密的朋友和家人中，他们通过分享自己的状态、给朋友和家人的状态进行评论以及分享视频或是歌曲链接来进行互动。

辛洛普罗斯和凯德生在他们合著的《Z 世代效应》一书中提醒我们："逆着 Z 世代超联通的浪潮前行无异于逆着海啸游泳一般。"我们不能视"超联通"为注意力分散，反而应该学习 Z 世代的做法：把它当作互动与建立关联的纽带。

体验

Z 世代非常渴望在社交平台上得到认可，总是寻找机会让别人看到自己在做有趣的事情，比如看演唱会、健身、聚会、旅行或者只是和朋友们去了一个网红的地方。

2016 年零售报告显示，62% 的 Z 世代少年表示他们更愿意把钱花在体验上，而不是买具体的东西。让我们回到人的互动需求上——接近一半（47%）的人表示他们每周都会花钱与朋友聚会，这已经成为他们的固定支出，在总支出中占很高比例。

"社交媒体上的光鲜也都是基于现实生活的精彩，而 Z 世代少年深谙此道。"巴克利执行董事乔·考克斯（Joe Cox）解释说："他们善于整理自己的经历，以此来扩大自己的社交圈。"

社交媒体会带给这一代人一种压力，迫使他们只想展现自己最酷的一面，我们把这种现象称为"照片墙效应"。

这种效应并不是一种神秘的现象。比如，孩子们会对着一个场景拍无数的照片，只为选出最完美的一张上传到社交平台。来自曼谷的摄影师 Chompoo Baritone，用一种搞笑的形式，将这一现象拍摄成图集，收录在《Instagram 与真实生活的落差》中（见图 2-2）。

图 2-2　摄影师 Chompoo Baritone《Instagram 与真实生活的落差》

他的照片展现了完美晒图背后的真实场景。而 Z 世代并没有感到这样做有什么可尴尬的，还是乐于晒出自己精挑细选的"照骗"。虽然有些调侃也有些可笑，Baritone 的这些图片反映一个价值导向，即照片代表一切的社交生活。她所嘲讽的这个群体，正是我们所看到的雄心勃勃的 Z 世代。

教育

Z 世代具有很强的学习能力，同时，他们非常善于寻求各种学习机会。科技和网络的发展为他们提供了很好的平台，指尖轻触就能够得到大量的信息，让一切皆有可能。

安吉记得有一次去她儿子（17 岁）房间检查他是否在学习。原本以为自己能够看到儿子坐在书桌前，摊开课本读书或是埋在一堆草稿纸里演算试题的画面；事实上，他只是趴在床上，电脑和电视开着，手里还拿着手机。跟其他父母一样，看到这样的场景，安吉忍不住严厉地催促她儿子关掉这些设备，认真学习。而他儿子只是转过身回答说："妈妈，我是在学习啊！"

其实他真的是在学习。电脑屏幕上显示的正是他学习的内容，当遇到问题的时候，就在手机上查阅，电视就像是白噪音。那一刻，安吉意识到，她所认为的旧时的学习环境在她儿子这一代人身上踪迹难觅。

教育工作者也不仅局限于在校的老师。Z 世代可以通过网络平台学习各种知识，比如数学计算、写作技巧等。Sparks & Honey 调研公司的一项报告显示，52% 的青少年通过 YouTube 补充自己的学习内容。老师和学生对学习软件的青睐也催生了一批学习类手机 App 的出现，使得教育类 App 进入 iTunes 下载量前三名。

Quizlet 是一款非常受欢迎的教育 App，通过在线记忆卡和学习游戏促成学习的达成。它的用户大约有 1/3 是 18 岁以下的学生群体。Duolingo，是另一款广受好评的 App，一直排在 iTunes 下载量前五名，它通过提供语言学习游戏来提升阅读、写作和会话的技能，涵盖 23 种语言。

品牌营销可以从中获得的最重要的启示就是，要满足这一代人持续学习和自我提升的需求，要为他们提供学习的媒介，无论是实用的知识还是潮流前沿的理念。他们这一代人太热爱学习新的东西了，那么，就设法让他们的学习更为便捷。

改变世界

人们在这一代人身上看到的最重要的品质之一，是他们热衷于革新，渴望改变世界。社会意识的觉醒是他们身上的共性。有人甚至将他们称为"博爱的一代"。他们并不是空想主义者，他们已然行动起来，利用各种社交媒体积极影响社会的发展。

在声援美国北达科他州立石保护区原著民抗争的运动中，Z 世代青少年占了很大比例，他们在 Facebook 上向政府发起了抵制 DAPL（DAPL, Dakota Access Pipeline）输油管道的运动。

还记得"冰桶挑战"吗？这在当时也是一项风靡网络的慈善筹款活动。挑战者要将一整桶冰块从头顶浇下来，把照片上传到社交平台，邀请朋友参与。受邀者要在24小时内完成挑战。这项活动为"肌肉萎缩性侧索硬化症"（ALS）研究项目募集了两千两百万美元的善款。

格蕾丝·马斯巴克认为Z世代的社会觉醒源于他们从经济大衰退中看到的一线希望："我们看到了经济萧条对家庭、社会和大环境的影响。我们希望世界越来越美好，参与家庭和学校、教堂等社会活动不仅仅是我们的义务，更是我们回馈世界的一种方式，我们想要随时随地贡献自己的力量。"

在她的书中，马斯巴克分享了她的朋友纳迪娅·冈本（Nadya Okamoto，俄勒冈州波特兰市）的故事。纳迪娅在18岁的时候发起了名为"Camions of Care"的关爱组织，大一的时候将组织更名为"PERIOD"。这是一个全球性的非营利性组织，参与人员以青少年为主，他们通过呼吁和宣传的方式募捐女性卫生用品，并发放给无家可归的妇女。纳迪娅利用Facebook、推特和Instagram等社交平台提高人们对此的关注度，提供参与该公益活动的方式，包括去社区组织宣传活动。

还有许多像纳迪娅一样的青少年致力于公益活动。虽然并不是每个人都能像纳迪娅和她的支持者一样拥有大规模的公益事业，但是他们的热情同样值得赞赏。Cassandra 2015年的一份报告显示，49%的青少年每个月至少参加一次志愿服务，20%的人希望有一天可以成立自己的慈善组织；26%的孩子曾参与募捐并担任组织任务，32%的青少年表示他们会将自己的钱捐出来。虽然他们自己也并不富裕，但还是愿意把钱捐给更需要的人。此外，39%的青少年认为在慈善事业上花时间和金钱是衡量"成功"的一个标准。

17岁的Lulu Cerone写了一本以聚会为主题的书，书名为《公益性聚会——给那些想回馈社会的孩子一本聚会策划指南》（*Philanthro Parties—Planning Guide for Kids Who Want to Give Back*）。在书中，Cerone鼓励青少年以自己的方式发光发热，将公益活动融入日常聚会之中，让聚会变得更有意义。

DoSomething.org 也是类似的公益性组织，它为青少年提供一站式志愿服务。用户可以登录网站从成千上万的志愿活动中挑选适合自己的，可以在线服务也可以线下服务。学生拿着自己做志愿服务的照片或是其他证明材料可以获得相应的学分，甚至是奖学金。这些对于他们来说都是量化评价标准。

一个品牌若想在这一代人主导的市场中站稳脚跟，不防效仿 DoSomething.org 的公益举措，将企业的利益置后，优先考虑如何能营造更美的社会和人文的环境。这里值得一提的是"盒装水"理念的诞生。

盒装水受到 Z 世代青少年青睐的原因很明显，是企业所追求的环保概念。它的广告语"盒装水让世界更美好"被印在每一瓶水的外包装上。为什么年轻人更愿意买纸盒包装的水呢？因为你买的不仅仅是水——你的购买行为是在支持可持续发展，支持"百万植树计划"（截至 2020 年）。

游戏

Z 世代与网络最直接的接触就是电脑游戏，并且用户数量惊人。多达 66% 的青少年很大方地承认网游是他们最主要的爱好。游戏对他们来说不再是需要避讳的话题。

举个例子来说：《精灵宝可梦 GO》自 2016 年首发以来，吸引了无数青少年。大街上随处可见捧着手机进行实景捕捉游戏的人。基于 AR（增强现实，简称 AR）技术，这款游戏首创了实景与现实重叠的觅食游戏模式。

该游戏仅发行一天，几乎没有借助传统的营销策略，就成为苹果和谷歌下载量第一的 App。它在 Snapchat 上传播的速度远快于推特和 Facebook，这也证明 Z 世代少年是推动这款游戏风靡网络的主力军。

当然，家长一定会认为玩游戏很浪费时间。但是对于这一代青少年来说，数字娱乐已经成为建立和保持友谊的催化剂。皮尤研究中心在 2015 年发布的一份研究报告显示，50% 的孩子的友谊始于网络游戏。

搞笑方式

娱乐是一回事，搞笑又是另一回事了。如果你让一位Z世代少年给你分享一些有趣的视频、GIF动图或者只是随便说几个梗，正常的你都能笑到不行。但是对于一些他们分享的特别诡异和奇怪的东西，也许你就真的不知道笑点在哪儿了。

Firstborn广告公司高级战略分析师司各特·福格尔（Scott Fogel）2015在《快速公司》上刊登的一篇文章中提到，许多Z世代少年喜欢"奇怪的、无厘头的"东西。他们还喜欢自嘲的图片和各种梗，或是那些看上去稀奇古怪的小视频。

福格尔指出，这些行为并没有出现在千禧一代身上。他说："千禧一代少年几乎不会上传一些古怪的内容到社交媒体上。但对于片刻都离不开网络的Z世代来说，随时分享自己的动态才是常态。而他们使用的媒介如Skype、Webcam、Live Streams和Vlogs并不会严格筛查上传的内容。"

因此，商品推广如果加入了他们喜欢的自嘲元素，就会更有吸引力。但是，不要过分引用太多流行的话梗来迎合这种喜好：他们会一眼识破你的伎俩。Dose Studio数字传媒公司副总裁阿曼达·古特曼（Amanda Gutterman）在一篇文章中表达了自己的观点："其实你并不是真的想到Snapchat这样的平台上去佯装一位'奇怪的时髦大叔'。"

娱乐

最后一点，社交媒体为这一代人提供了特有的娱乐方式。你总是能看到他们沉浸在自己的小世界里乐此不疲。而前几代人却都愿意再去经历一遍自己的学生时代，因为那时填满自己世界的只有作业、考试、压力，对于娱乐总是可望而不可即的。

不要把赌注全押在社交上

尽管 Z 世代少年人人一部手机在手,但这并不意味着所有人都是社交控。马斯巴克就是典型的非社交控者,她身边的很多朋友也和她一样。

在她的书中,她将 Z 世代归为三类。第一类是那些完全沉迷于社交生活的人,社交是他们最大的爱好。他们几乎每时每刻都离不开手机,不停地刷屏,挑选需要上传的照片。第二类是在意但对社交并不上瘾的人。他们会时不时地分享一些生活的片段,同时利用社交软件与家人和朋友沟通联系。第三类青少年是那些注册了社交账号,但是很少使用的人,只是偶尔登录一下。凯特·杰克逊(Kate Jackson,见绪论部分)就属于最后一类。

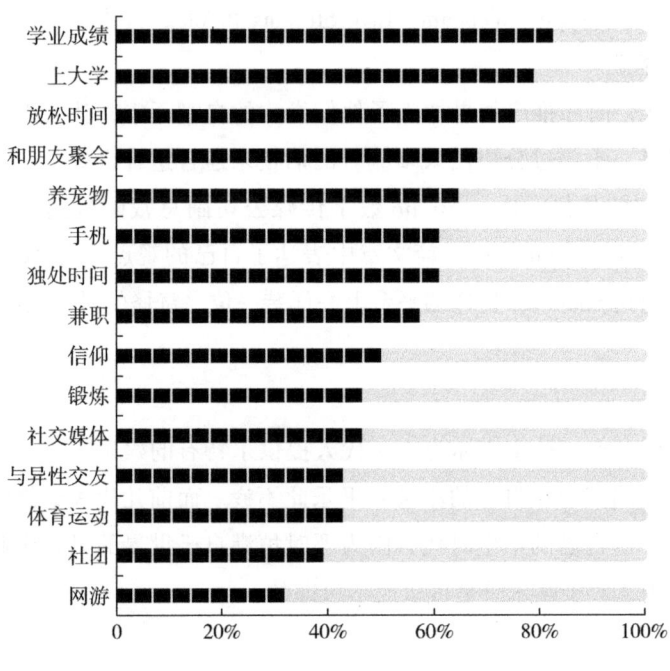

图 2-3 日常活动重要性排序

马斯巴克希望商家能够深入了解这一代人。她说:"我们非常忙碌。我们不可能把时间全部花在社交平台上,我们还需要平衡学业、运动、大纲以外的课程和社区服务,有的人甚至还要分出精力去经营自己的事业。"

根据巴克利《认识 Z 世代:与千禧一代差异》的研究我们可以看出,Z 世代非常懂得轻重缓急。他们很重视学业成绩,认为学习是最重要的事情,紧随其后的是上一个好大学,社交则排序十分靠后(见图 2-3)。

现实生活里的社交活动

"我更愿意面对面地跟我的朋友们互动,这样让我感觉彼此更亲近。我希望大家高兴的时候一起开怀大笑,而不是隔着屏幕打个笑脸。我怎么知道他们是真的在笑或者只是不知道该说些什么,就打个符号避免尴尬呢?"

——格莱塔(Greta J.,15 岁)

Z 世代并不是人们想象中的完全手机控者。一项题为《独特的 Z 世代》(Uniquely Generation Z)的调查报告显示,Z 世代青少年认为社交活动非常重要,无论是线上还是线下。他们非常看重面对面与家人和朋友相处的机会(见图 2-4)。

2016 年,尼古拉斯·卡达拉斯(Nicholas Kardaras)在《科学美国人》杂志上刊登的一篇文章中提到:"社交不仅是人类活动最为重要的一部分,也是保持幸福与健康的关键。"他认为,由于网络媒体的兴起,我们进入了前所未有的社交密集时代:"在美国,每秒钟会有 7500 条消息和 1394 张照片上传到推特,全网电子邮件数量高达两百万,而 YouTube 视频点击量更是多达 119000。"毫无疑问,如此便捷的数字化接入,必然会对 Z 世代的成长产生巨大影响。

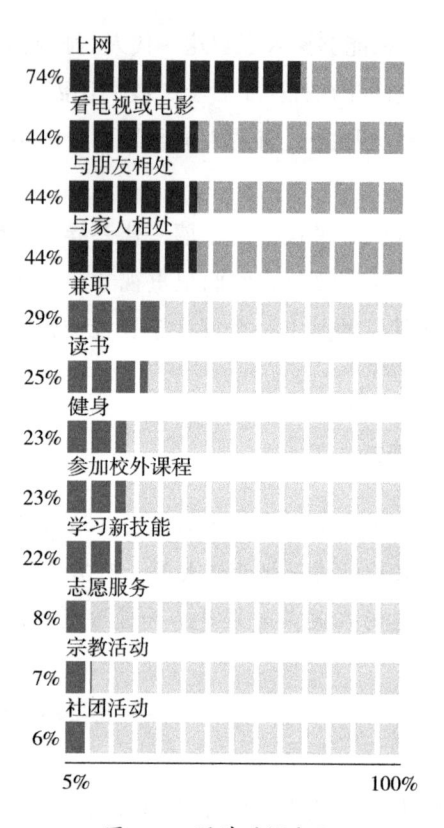

活动	百分比
上网	74%
看电视或电影	44%
与朋友相处	44%
与家人相处	44%
兼职	29%
读书	25%
健身	23%
参加校外课程	23%
学习新技能	22%
志愿服务	8%
宗教活动	7%
社团活动	6%

图 2-4 课外时间分配

对线上服务的期待

这一代人总是希望享受便捷的服务。这就是如今上门服务越来越受欢迎的原因。

随即响应式服务

下面让我们来看几个例子。如果你饿了，没关系，只需几分钟，Deliveroo（英国外卖行业巨头）和 Postmates（美国外卖公司）就能将餐点送到你面前。如果父母太忙没时间，也没关系，优步（Uber）、来福车（Lyft）随时接送你。还有奈飞（Netflix）和葫芦网（Hulu）24小时在线恭候电视迷们。此外，想不想来一场说见就见的约会呢？Tinder 可以助你一臂之力。虽然这些听上去有些离谱，尤其是对青少年来说，但是借助科技的力量，一切都触手可及。

但是，也正是由于享受着太多便捷的服务，这一代人似乎少了一些耐心。根据调查显示，Z 世代是在线服务最大的客户群。那么商家可要小心了！他们一定是你见过的最"挑剔"的顾客。IBM 2017 年的一项研究显示：60% 的受访少年表示不愿意用下载速度太慢的应用软件，他们只用运转流畅的 App。所以，商家除了去满足这样的需求，别无选择。

可靠性

品牌形象一定要有说服力，因为 Z 世代更注重真实和有效的宣传。

格雷格·威特（Gregg Witt，Motivate Youth 副执行董事），在 2016 年《财富》杂志上发表的一篇文章中说："一个品牌在市场营销中最容易犯的一个致命错误就是精心设计浮夸的形象做代言。Z 世代需要的是真实、透明和独创。"

威特提到了 Levi's 的营销策略和品牌代言的选择。Levi's 在美国并没有启用大牌的流量明星做代言，而是根据服装版型，寻找更适合的青年人做代言，这些人也许并没有什么名气。威特说："Levi's 的成功在品牌形象真实，拉近了与青年消费群体的距离。"我们会在第四章中详细探讨这个问题。

隐私与匿名

Z 世代从小就受父母和学校教育的影响，知道线上隐私与安全的重要性。因此，他们十分清楚要有选择地分享自己的事情。

他们在社交软件上注册新的账号时，首先要做的事情就是进行隐私设置。此外，他们善于对自己的网络行为进行约束。他们知道那些尴尬的照片或是不合时宜的言论会一直在社交平台上留存，这极有可能影响日后的大学录取和就业前景。

几年以前,曾有人怀疑 Z 世代将会退出社交网络。一些明星,如莉娜·杜汉姆(Lena Dunham)和贾登·史密斯(Jaden Smith),因为网络暴力而删掉了自己的社交账号。但事实上,他们并不是真的切断了自己与外界的联系,而是以匿名的方式保护自己的隐私,如使用 Snapchat 和 Whisper 这样的匿名社交软件。这也是为什么 Facebook 和 Instagram 大力推广消息应用程序。

隐私性是许多 Z 世代少年选择 Snapchat 的主要原因。一方面,它为用户提供了分享信息和照片的平台,这些信息和照片可以阅后即焚。另一方面,这种功能给人一种实时互动的体验,用户在"交流"和"分享",但是文字就像面对面说话一样,说完就消失了。这对于 Z 世代来说是十分重要的保护隐私的方式。

Whisper 移动互联 App 是为用户提供匿名分享秘密或观点的平台。用户以"明信片"作为书写文本的载体,并不需要实名认证,这给他们更多的自由表达自己的想法和观点;而在通常情况下对认识的人是很难开口讲这些话题的。

这两款 App 中都有广告植入。但是广告插播的方式确实需要商家多花费一些心思。要想让广告看上去更自然,其关键就在于吸引用户的方式,要减少指令性或描述性的广告词,不能让他们察觉"卖"的感觉。

错失恐惧症和离线恐惧症

前文提到的 CNN 的一项针对 13 岁少年的调查显示,他们每天平均查看 100 次社交平台,每天几乎有高达 9 小时的在线时间,或学习,或娱乐。从整体上来看,这个时间长度比他们用在睡觉或陪伴家人、朋友的时间还要久,而且这还不包括他们在学校使用多媒体进行教学或是做作业的时间。

儿童临床心理学家马里恩·安德伍德(Marion Underwood)在接受 CNN 的采访中说道:"青少年依赖社交媒体获得同伴之间的亲密感,

并以此寻求认同感。他们想要了解朋友们都在哪里、做什么，想知道有多少人喜欢自己晒的东西，今天有多少人关注过自己……所有这一切都已成瘾。"

这项研究的另一个价值在于揭示了这一现象背后的原因，那就是这一代人普遍存在的错失恐惧症（FOMO）和离线恐惧症（FOLO）。超过半数的受访青少年表示他们时刻想知道有多人给他/她的状态点赞或是评论了；1/3以上的人表示他们很在意朋友们聚会有没有带上自己；21%的人则表示他们需要通过社交平台来证实是否有人在背后说自己坏话。

这是真实生活的写照，但是，由于这一代人身处完全的数字科技时代，因而社交媒体对他们产生的影响更为明显。而结果就是，他们每天处于一种忧虑的状态，时刻关心自己在虚拟平台上的人缘，由此推断自己真实生活中与别人的亲疏关系。

新的社交秩序

"似乎每一天都有新的品牌注册 Snapchat 账号，企图接近这些年轻的消费者。一些商家甚至在后台进行操作推送广告。这些手段被滥用，让人感觉不到任何新意，Z 世代完全不买账。"

——康纳尔·布莱克利　《如何建立吸引 Z 世代的市场营销战略》
(*How to Build A Marketing Campaign That Appeals to Generation Z*)

在上一节中我们提到了 Z 世代对社交平台上自己表现的担忧已经对现实生活产生了一定影响，这在无形之中催生了新的社交秩序。在他们眼中，每一个社交平台的使用都不是完全自由的。抢先报道广告公司（FutureCast）就青少年为何会选择某几种特定社交软件（排名前四位的分别是 Facebook、推特、Instagram 和 Snapchat），以及使用这些软件的目的做了一项调查，其中一个结果显示，每一个平台都有自成体系的一套使用规则，每个 Z 世代少年都会默默遵守。

Facebook

出乎人们的预料，Facebook 并没有因 Z 世代的崛起而消失。虽然，Z 世代的 Facebook 用户量在下降，但是它仍然是这些年轻人首选的几款软件之一，有 77% 的青少年使用 Facebook。千禧一代仍然是 Facebook 最忠实的粉丝，超过 87% 的人表示经常使用它。

但是请注意，我们在这里提到的是"使用"而不是"依赖"。这两个词并不一样。Z 世代的父母或祖父母习惯于使用 Facebook，所以今天的孩子也在用它分享一些内容，但是频率没有想象的那么高。这款软件曾让上一代人沉溺其中无法自拔，而现在的年轻一代只把它当作一个信息平台，更多的是浏览内容，很少上传消息。这使得 Facebook 从一个活跃的网络平台转为信息聚集地。

但是，这并不意味着商家可以忽视它的作用，它仍然是接近年轻人的一个有效途径。如果品牌的营销策略足够有创意，依然可以引起他们的注意。

加拿大 PNE 主题公园的广告方式就很独特。它招募了 8 位少年免费入园，条件是他们参与的项目要受 Facebook 用户的控制，他们玩的每一个游乐设施都要接受后台指令，包括吃的东西。在参与活动的过程中，这 8 位少年还有一个任务就是携带 GoPro 运动摄像机实时播报。这一体验活动吸引了 28000 多名 Facebook 青少年用户。

推特

推特作为一个实时信息平台，对于现在的青少年来说更多的是阅读消息，那么商家也要制订适合的实时营销策略。目前，一篇推文的平均存在时长仅为 18 分钟，如果短时间内没有被转发的话，也就只有几分钟的寿命。经过研究发现，45% 的 Z 世代少年经常使用推特，千禧一代和 X 一代为 34%，而婴儿潮一代只占 13%。

16 岁美国小伙卡特·威尔克森（Carter Wilkerson）在推特上问快餐品牌温迪（Wendy's），要达到多少转发量才能免费吃它一年的炸鸡块。温迪的推特账号随即回复说 1800 万。小伙子接下了挑战，并将他与温迪的对话放到网上向大家求助（图 2-5）。没想到的是，很多美国名人和名企都注意到了这件事，并转发助他一臂之力。威尔克森用这个挑战营造的网络口碑，开始为托马斯·戴夫收养基金会（Dave Thomas Foundation for Adoption）和匹诺曹妇女关爱基金（Pinocchio's Mom on the Run）募集善款。

图 2-5　卡特·威尔克森喊话温迪快餐

最后，虽然转发数量没有达到 1800 万，但是温迪承诺了威尔克森一年内免费吃炸鸡，并且还给慈善机构捐出了 10 万美元。温迪这一波操作赢得了许多社交媒体用户的支持，树立了非常积极的企业形象。与其他快餐企业遭受网络用户质疑不同，温迪与威尔克森之间的这次互动无疑给它带来了巨大的商业价值。

Instagram

我们的调查显示，63% 的 Z 世代少年使用 Instagram，与千禧一代的 47% 相比优势明显。Instagram 平台上大多数都是积极向上的内容，孩子们会花费很长时间编辑和修饰自拍照，让他们自己看上去满满的正能量。他们每天都会非常精心地维护自己的账号。

每次上传照片之前他们都会再三权衡，不希望自己的东西没有营养，浪费了别人浏览信息的时间（Snapchat 正相反）。他们还会经常清理自己上传的内容，确保自己被大家关注到的是最喜欢的照片，让自己的页面看上去简洁。

例如，美国著名青少年运动品牌 Aeropostale 通过不断筛选广告图片，使自己官方发布的广告评论量始终维持在十万以上。该品牌所发布的大多数都是以冰激凌甜筒、花田或海边嬉戏为主题的故事性图片，让买家看上去更有亲切感。

Snapchat

由于 Z 世代喜欢社交而又不愿意被束缚的特性所致，Snapchat 一出现，就引起了 Z 世代的兴趣。它为用户提供了一个可以分享真实状态的平台，因为阅后即焚功能让他们觉得即使晒了一些不够完美的照片也没有后顾之忧。Z 世代使用该软件的人数占到了 61%，千禧一代为 34%，而 X 一代用户量极少。目前，Snapchat 正在迅速取代短信的功能。

按照孩子们的说法，这是一个非常适合与朋友分享即刻状态的软件。作为第一代完全的移动设备用户，Z 世代更愿意使用 Snapchat 和

Intagram，因为这些应用软件符合他们的需求，用户体验更为真实有效，他们可以随心所欲地分享生活中不堪或尴尬的一面，并且不需要在多个软件之间来回切换。

案例分析

品牌：塔可钟（Taco Bell，世界上规模最大的提供墨西哥式食品的连锁餐饮品牌）。

现象：2016年5月5日（墨西哥传统的爱国主义节日），该餐饮品牌在Snapchat上发起了与用户之间的互动，用户欣然将自己的自拍变成了塔可钟的广告（见图2-6）。

操作：经典的品牌图标置于页面下方，这款应用通过"滤镜"效果，让用户获得新鲜的体验。用户与这则广告的平均互动时间达到24秒。而塔可钟官方宣称这一天的活动花费大约为75万美元。

效果：这次品牌推广在一天内完成的转发量相当于以往12年半才能完成的任务量。由于在用户好友之间的快速传播，该广告的观看次数达到2.24亿次，并创下了Snapchat在品牌推广方面单日最高点击量。

图2-6 塔可钟与用户互动图片

2015 年，一篇博文把社交媒体比作商场，认为企业若想与 Z 世代少年建立联系，一定要在商场中拥有自己的"店面"。遗憾的是，如何实现建立店面的目标是随着时间、地点和销售对象而不断变化的，这就需要商家必须时刻深入了解 Z 世代的社交规则，在时效、频率、幽默和产品宣传之间找到一个平衡点，适时地调整营销策略。

趋势预测机构 JWT 全球主管 Lucie Greene 在接受采访时表示，Z 世代对市场营销异常敏感："他们置身于各种各样的广告推广之中，他们眼中看到的不仅是单个的广告推送，更多的是像病毒传播一样快的铺天盖地的品牌营销，这是一种特有的媒体现象，是在过去的几年里迅速壮大起来的商业模式。"正是由于置身于这样的环境之中，Z 世代似乎有一种神秘的能力，可以瞬间看穿一切形式的广告，这些东西在他们眼中更像是尴尬的"自娱自乐"，无法引起他们的任何兴趣。

对于市场营销团队来说，充分了解每一个社交平台的特点、自身营销的目的和可预测的困难，然后根据 Z 世代的喜好制订适合的策略，是成功的关键。记住，没有一种营销方式是万能的，除非你的产品与他们的生活可以无缝连接，可以帮助他们解决所有问题，否则那些太过于明显的推销行为将不会引起 Z 世代的关注。

经济学家乔·考斯克（Joe Cox）预测说："未来的社交媒体一定会为用户提供更为流动的体验，能够让用户以最快的速度享受最有价值的内容，而不是操纵他们不停地切换频道。"

重点回顾

☐ 第一代"完全的移动设备用户"。他们从未经历过没有智能手机的年代，也不知道无法接入网络是怎样的体验。

☐ 他们一方面离不开自己熟悉的数字虚拟世界，另一方面又会有意识地避免持续不断地曝光自己的生活。这种矛盾的做法成为这一代人一个显著的群体特征，即自信与不安、渴望与世界的关联又渴求私人空间。

- □ **Z世代的社交联系非常紧密**。由于 Face Time、Snapchat、Skype 和 Google Hangouts 等软件的出现，他们完全不需要面对面，也能够自由交流，不受"视线、声音和图像"的限制。
- □ **Z世代少年使用社交网络延伸真实生活中的自己，他们愿意利用多媒体学习、娱乐，也愿意通过网络发光发热**。他们需要享受即刻服务，要求网络内容的真实性，同时隐私意识强烈。
- □ **每一个平台都有自成体系的一套使用规则**。社交网络并不是肆无忌惮的自由之地。

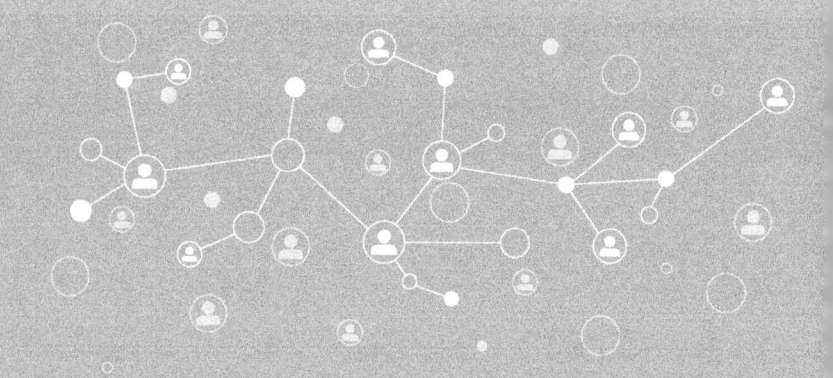

Z 世代营销

Z世代营销

第三章
新的互联沟通原则

洞穴绘画，古埃及象形文字，秘鲁的大型地画。

随着历史的发展，人类在进步，大脑也在不断进化，但是视觉交流并不止于那些古老的形式。无论是在石头墙上雕刻壁画，还是触屏技术的发展，其原理是相通的。我们需要的是视觉联系。我们更愿意相信自己看到的东西。

千禧一代发信息通常是以文字的形式，而Z世代的沟通更多样化，如符号语言、短视频、动画或是绘文字（一种表情符号）。智能手机、视频游戏和视频流技术又使得这一代人回归了古老的视觉交流形式。对于市场营销来说，这意味着要创造出高品质的短促的消遣形式。

"上五年级的时候，我拥有了我的第一部手机。我当时异常兴奋，忍不住自言自语：'天啊！这是迄今为止发生在我身上最重要的事情了。'对我这个时代的人来说，这是生活中相当重要的组成部分。"

——大卫（14岁）

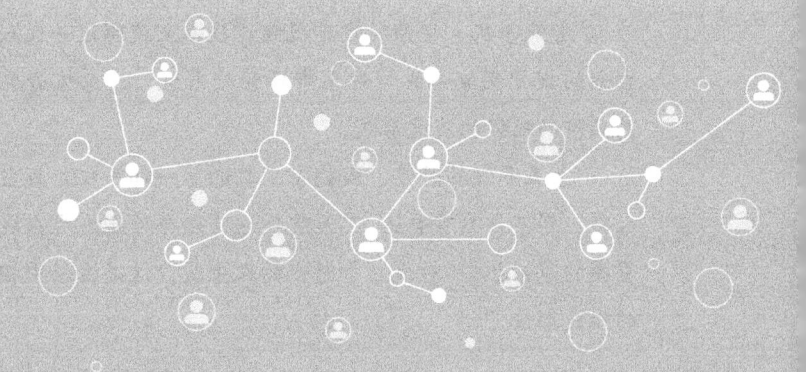

Z世代营销

Z世代遵循的不是"手机第一"的原则，而是"手机唯一"的原则。对他们来说，手机不仅仅是手机，事实上，手机存在的意义已经不再是问世之初的功用，因为他们已经很少用手机打电话了。手机已经成为在现实与虚拟世界之间切换的重要工具。得到人生中第一部手机就像他们的初吻、考取驾照和毕业一样令人激动。这对他们来说是非常重要的仪式。

因此，没有手机对他们来说是一件难以想象的事情。他们已经习惯于坐在饭桌前边玩儿边吃，甚至是洗澡的时候也不忘看一眼手机。睡前手机更是必不可少的东西。当然，这些都让家长和老师感到头疼。难道我们正在抚育的这一代都将成为机械的"低头一族"吗？

其实，手机上瘾的现象不仅仅是这一代人身上的共性，现代社会里每个人几乎是手机不离手的，没准你此刻正是在用手机看这本书呢。但是，我们也不用太过悲观。

X一代和婴儿潮一代直到二十几岁或是更晚的时候才有人生的第一部手机，他们用了很长时间适应有手机的生活。而Z世代从小就接触手机（大部分是初中或是高中开始的），就连千禧一代也没有像Z世代一样接触得那么早。Z世代一出生就暴露于数字产品的世界，在他们拥有自己的手机以前（12岁左右），他们就已经开始熟练地使用父母的手机，玩游戏或是看视频。手机屏就是一个安抚物，能使他们瞬间安静下来。

一生下来就接触屏幕的刺激，Z世代他们首先启用的感官就是眼睛。被市场营销专家们称作"第三屏幕"的也正是手机屏。对于Z世代来说，手机屏是他们第一个或者说是唯一一个每天都离不开的屏幕。他们用手机看新闻、读消息、进行娱乐消遣，取代了平板、台式电脑和电视。他们需要的一切都在手掌之中。

"更小"与"更快"影响更大

手机带我们看到了更广阔的天地，与此同时，我们也面临着巨大的挑战。这一挑战正是来自Z世代，无论是市场营销人员，还是作为父母和老师的我们，都要以全新的视角对待正在崛起的这一代人，他们的行动与思考速度比以往任何一代都要快很多倍。

那么，什么样的内容才能真正吸引这样一群"网络猎豹"呢？当然不能是一行又一行的文字了。

毫无疑问，最有效的原则就是"快"。视觉画面最为直接：图片、言简意赅的文字、引人入胜的短视频、私人订制信息，所有这些都要以速度为前提。事实上，Z世代已经习惯于处理大量视觉信息。很多研究都指向同一个结论，这一代人的大脑"运行"速度惊人。这一点得到了大家的普遍认同，就连许多老师都顺应时代的大趋势，允许学生们在课堂上使用手机。

当今许多教师都以"翻转课堂"的形式进行教学。他们会将自己的课程提前录制好发到网上让学生"听讲"，真正的课堂时间都用来进行小组合作学习和讨论。当老师说"查一下这个内容"时，手机可以同时充当词典、百科全书和语料库的作用。

除此之外，Z世代使用手机进行网上购物的现象也比较普遍。其实，Z世代的父母一代也才刚刚开始接受网上购物，虽然购物范围已经覆盖了从服装鞋帽到科技产品，甚至是汽车部件（如今网上购买轮胎都已不再是什么新鲜事了），但是用手机下单还是比较少的。而根据谷歌的一项调查，13～17岁的青少年，有53%的人使用手机购物。甚至当他们在零售店里（是的，他们也会经常光顾一些实体店），他们还是会用手机上网比较一下线上和线下价格再决定是否要买。

市场营销人员可以从中得到什么启示呢？首先，如果你还没有做好准备迎接以手机为主导的沟通策略，那么你已经落后了。对Z世代来说，"要么手机，要么睡觉"，仅此而已。

当他们合上电脑或是关掉手机，不想看到你的广告，那一刻你已经失去了最重要的客户。所以，思考一下，如何把30秒钟的广告内容压缩在10秒内？你的广告是否在他们8秒的专注力之内？你是否需要重新调整广告内容，以便更适合在手机上播放？

谷歌目前的网站设计更倾向于移动优化（Mobile-Optimized），而不仅以移动友好（Mobile-Friendly）为标准。移动友好设计要调整内容占比，以更好地适应不同移动设备的屏幕比例。然而，移动优化意味着网站设计以手机屏幕为对象，融合手机屏幕特点，以单列布局、极简设计、简洁导航栏为主（见图 3-1）。

  网站设计的变化最初是由电脑屏幕转向适应多种移动设备屏幕，被称为"移动优化"，那时电脑屏幕处于次要地位。StatCounter 互联网数据中心的监测显示，移动用户量在 2016 年的时候首次超过了台式电脑的用户量。其实人们只是向旁边移动了一小步，但作为商家，想要吸引顾客的眼球，就要使自己的内容相对于手机屏来说，做到最优化。

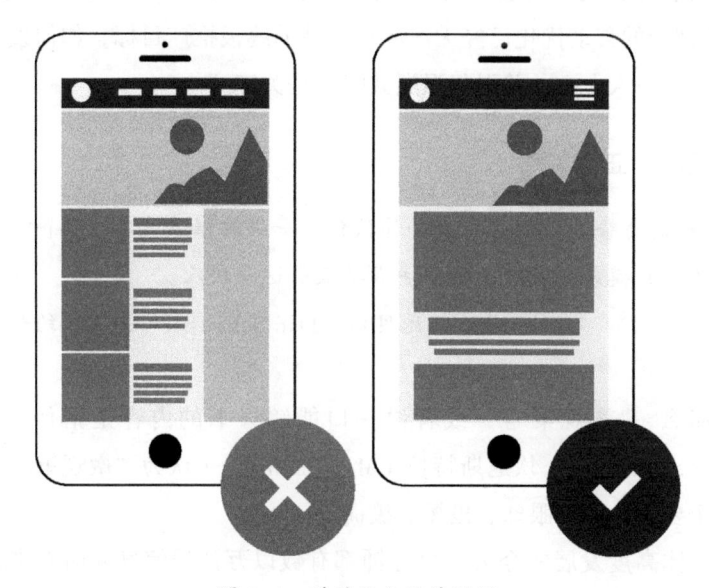

图 3-1　移动优化设计图例

案例分析

品牌： 激浪（Mountain Dew，百事可乐旗下品牌）。
现象： 激浪品牌以运动类视频为载体，发布了全球"移动优先"

广告战役。专业滑板运动员肖恩·马图（Sean Malto）出现在视频开头，以慢动作播放的形式展现了飞跃汽车的完整画面。这次广告战役的标语为"动起来——非凡的体验"，强调运动带给人的振奋作用。

操作：这次广告战役发布平台包括推特、Snapchat、Facebook视频直播和Instagram故事流等，给用户更强烈的视觉冲击，引发用户分享自己的极限运动体验。激浪不仅改变了自己的营销策略，同时更新了自己的标语，重新界定"视觉"的意义。

效果：使用移动画面作为此次广告战役的先头兵，是品牌推广创新的一大特色。激浪敏锐地抓住了移动优先的市场导向，成功地吸引了年青一代的消费群体。

激浪北美地区市场营销专员格雷戈·里昂斯（Greg Lyons）认为："追求创新的移动优化已经无法满足产品的终极推广目标，如何设计才能让广告植入人心，并引起强烈共鸣才是关键。"

微观策略 = 正确策略

"我们会告知我们的广告合作伙伴，如果沟通不能在'5个词+一张大图'的模式内完成，就无法成功吸引这一代人。"

——丹·施瓦贝尔（Dan Schawbel），《纽约时报》

那么，"微观策略"或者说一口能够吞下的内容是指什么呢？Ceros公司的梅格·坎尼斯特拉（Meg Cannistra）认为"微观策略"包括三个要素：博人眼球、极短、极简。

媒体高度发展的今天，每分钟都有数以万计的信息迎面而来，谁都不可能有耐心逐一去看，更别说还在上学的青少年一代。因此，广告如何直切主题，以快速简单的方式呈现出来，是各个品牌首先需要考虑的问题。

KISS原则就是力求简化。但是，简化不等同于容易，简化的过程需要不停地浓缩再浓缩，只留下最核心的元素。用500个词描述一个物品当然要比用140个词更简单，30秒钟的视频也比10秒的容易（见

图 3-2）。100 个词压缩到 10 个词就更难了，像丹·施瓦贝尔（Dan Schawbel）说的那样，5 个词，更是难上加难。

虽然 Z 世代十分依赖手机，但是他们的注意力持续时间却很短。他们很容易被其他东西分散注意力，或者根本没有时间看篇幅很长的信息。

移动互联不仅满足了青年一代消费群体对速度的要求，更给了他们足够的自由支配自己的时间。无论白天还是夜晚，他们可以随时随地接收那些极短、极简的信息。

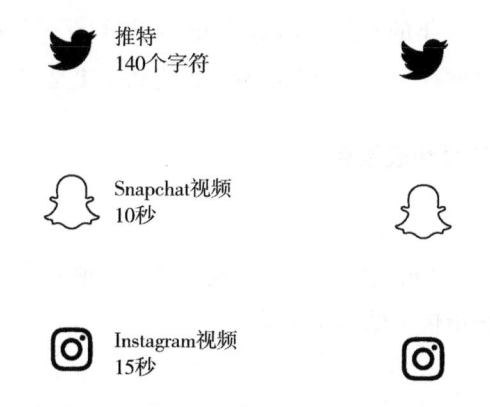

推特
140 个字符

Snapchat 视频
10 秒

Instagram 视频
15 秒

推特已将 140 个字符的推文限制扩展到 280 个。
图 3-2　社交软件每条内容的长度

高速发展的多媒体应用在无形之中促进了 Z 世代快速处理和分析复杂信息的能力。正如前文中提到的，这一代人的注意力时长只有 8 秒钟，比千禧一代的 12 秒更短。

但是，他们在这 8 秒里能够以光速过滤和消化重要信息。我们可以想象一下点心和牛排，哪一个吃起来更快呢？很显然，Z 世代并没有那么多时间去消化烦琐的内容。

案例分析

品牌：Tasty。

现象：BuzzFeed 网站的 Tasty 频道推出了一系列时长仅为 1 分钟的烹饪视频。

操作：Tasty 的烹饪视频相当简单，但是毫不乏味，十分吸引人；这正合 Z 世代的口味。美食以微速摄影手法和鸟瞰视角呈现，吸引了众多 Z 世代年轻人。这样的做法，令观看者如临其境，仿佛自己就是一位品味独特的美食家。

效果：仅仅一年的时间，Tasty 共推出了 2000 多条短视频，每个视频在一个月内就有 5 亿次的点击量，评论数量更是高达 18 亿条。

绘文字、表情符号和表情包

现在，我们完全可以说打电话和发短信已经不再是手机的主要功能了。今天，Z 世代的交流更为快捷和视觉化。他们喜欢输入绘文字、表情符号或是表情包（见图 3-3）。

绘文字
用字母和标点组合成近似的面部表情，在只支持文本输入的情况下表达情绪

表情符号
小图片或符号，用于表达想法和情绪

表情包
使用人物的某个瞬间图片，配上文字表达特定的情绪

图 3-3　绘文字、表情符号和表情包对比

以设计绘文字为主业的 Karmies 公司创始人梅根·海恩斯（Megan Haines）说："无论你是否相信，绘文字已经有 20 多年的发展历程了。"栗田穰崇（Shigetaka Kurita）在 1998 年任职于日本电信公司 DoCoMo 时，

设计了大量绘文字。他希望创造一种新的移动沟通方式，用户可以来回发送类似图片信息而不需要占用过多存储空间的数据。他的想法很简单：设计一种只占少量字符的"代码"，用以承载更多的信息。

绘文字的现状是：每天的发送量能够达到60亿次。海恩斯认为绘文字的出现使文字短信的言外之意得以传递。她解释道："当人们无法面对面或是声音对声音地交流，只能依靠短信息的方式沟通的时候，就需要一个媒介搭载文字无法传递出来的情绪。单独的文字只能起到交流的作用，但是缺乏交际感。"

在人们沟通的过程中，图片和符号的使用随处可见。登录你的Facebook账号，或者随意翻看一下手机信息栏，你会发现很多表情符号和表情包。在2015年的牛津词典年度词评选中，"绘文字"成为年度最受欢迎的词汇之一。

如果你还没有看出这与市场营销有什么关系的话，让我们来看一下思科公司（Cisco System）的一项报告，该报告指出，到2018年，超过84%的市场营销都会以视觉化手段实现。这并不局限某一种传媒形式，视觉沟通将会发生在报纸、网站、社交媒体、电子邮件等各个领域。所以，这就不难解释为何谷歌主页的logo会随节日主题有所变化，而宜家的家具上只有图画解释，没有文字说明。这是因为图更为简单，而且可以跨越语言的障碍。当然，视觉化沟通还有许多其他优势（见图3-4）。

海恩斯提到："人们总是能够发现一些十分有创意的沟通方式。随着流行元素的快速变化，绘文字所承载的意义也随之变化。例如，沃尔玛在价格战役中使用笑脸符来提示优惠价格，人们还能联想到《阿甘正传》中阿甘T恤衫上的笑脸符号。"

因而海恩斯提示一些商家在使用这些符号的时候要注意时间、地点和文化背景的不同。《华尔街日报》做过一个视频，视频中的6位来自不同阶层和领域的人展示出了同一符号表达全然不同的意义。其中一个人认为两只手相触碰的符号表示"庆祝成功"；另一个人则认为这是在"祈祷"。一个人眼中的"粉色桃子"，在另一人眼中就变成了"车尾"，两种理解毫不相干。有的人将棕色的旋涡状图形认为是抽象的眼睛，而有的人则认为是巧克力或是冰激凌。

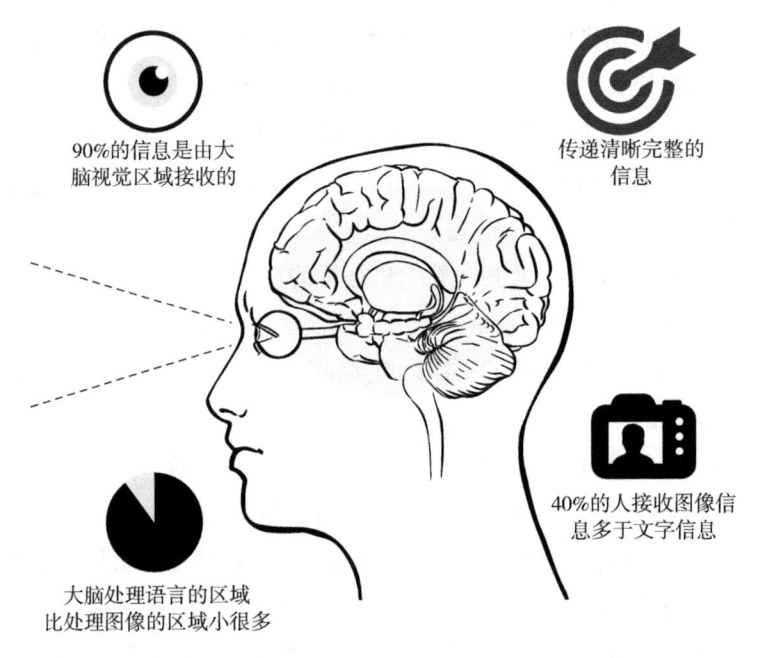

90%的信息是由大脑视觉区域接收的

传递清晰完整的信息

40%的人接收图像信息多于文字信息

大脑处理语言的区域比处理图像的区域小很多

左上：大脑能够记住的 90% 的信息来源于视觉化信息。

左下：视觉化信息在大脑中的存储时间更久。大脑语言处理区域相较于图片处理区域更小。

右上：视觉化信息更为清楚、直接。

右下：40% 的人会首先对视觉化信息做出回应，文字信息滞后。

图 3-4 视觉化沟通的优势

虽然一些公司意识到了绘文字很受大众欢迎，并且尝试了很多种方式将其融入自己的营销策略中，但是在使用上一定要多加思忖。毕竟，一些失败的教训确实值得我们反思，不恰当地使用绘文字可能会砸了自己的招牌或是有损公众人物的形象。

举个例子来说，在 2015 年民主党候选期间，为了争取到更多年轻人的选票，希拉里·克林顿发送了一条推文："用一到三个符号来表达一下大学生借款付学费的心情吧！"

一位推特用户在接受采访时直言："（希拉里）的做法就像是你去朋友家做客，他（她）的妈妈用嘻哈的方式跟你打招呼，效果真的很糟糕。"

对于希拉里的这次错误示范，海恩斯说："如果符号使用不当，或是根本没有使用的必要，那么还不如发一篇140字的推文更好，你的意图会表达得更为轻松。"

如果一个品牌或是公众人物平时给大众的印象并不那么潮的话，比如上文提到的希拉里·克林顿，偶尔使用一次，就会显得很蹩脚。

尽管在绘文字的使用上我们需要多加小心，但是海恩斯对它的发展前景还是十分乐观的。随着 Karmies 公司这样的平台不断发展，我们能看到每一秒社交媒体上都会有上百万的符号追随着热点事件。

例如，一旦超级碗（Super Bowl）发布哪两支队伍会参与当年的冠军赛，或是某一季的《单身汉》中哪两位选手脱颖而出，网友们一定会马上参与讨论，通过社交平台表达自己的喜好。这时，符号会铺天盖地般出现在网络平台上。通过分析数据，研究人员可以轻松地统计最受欢迎的一方。

案例分析

品牌：达美乐（Domino's Pizza）。

现象：达美乐推出了一种新操作，顾客只需在自己的推特账号上关联达美乐官网，发送一个比萨符号即可完成订单。

操作：这次营销战役通过推特平台进行推广，为顾客提供了更为方便快捷的订餐渠道。一旦达美乐官方账号接收到顾客发送的比萨图标，顾客就能立刻收到确认信息，此时只需在家等待比萨就可以了。

效果：达美乐让"网上订比萨"这一简单的活动更为直接。由于它的业务量一半以上依赖线上，因而推出"推特比萨"的订餐模式，对于外卖爱好者来说无疑是个更好的选择。这次营销战役效果显著，获得了 2016 戛纳国际创意节钛狮全场大奖（Titanium Grand Prix Award）。

案例分析

品牌：唐恩都乐（Dunkin' Donuts）。

现象：唐恩都乐成为第一家可以通过苹果 iMessage 获取优惠券或是支付码的咖啡连锁店。

操作：用户使用苹果支付软件发送和获取优惠码更为方便快捷。这款软件专门设计了一整套唐恩都乐的优惠券，用户可以在苹果商店下载。此外，顾客还可以发送虚拟的卡片与商家互动。

效果：通过与苹果的合作，顾客与唐恩都乐的接入途径更为多样。苹果支付作为一种非常受欢迎的支付方式令消费者通过手机支付更为安全，优惠券与卡片的设计为商家和顾客提供了全新的沟通方式。

全民视频时代：YouTube 效应

YouTube 效应：一种现象。当你在线观看 YouTube 上的某一个视频，然后不断地点开新的视频链接，直到几个小时之后才发现自己已经看了无数遍 Chocolate Rain 或是里克·阿斯特雷（Rick Astley）的音乐电视。

——摘自《城市词典》（Urban Dictionary，美国在线俚语词典）

如今的视频囊括了 Z 世代所关注的一切内容，就像是氧气、水和食物一样，一刻都离不开。如果你的市场定位就是吸引这一代人的话，那么视频是必不可少的。年轻人去哪儿看视频？当然是 YouTube，就像搜索引擎一定会选谷歌一样。

2016 年，Defy Media 发布的《青少年视频调查》显示，13～24 岁青少年观看视频几乎是全天候的，从早（65% 的人在上学或上班之前就开始看视频）到晚（67%的人抱着手机睡觉），中间甚至不间断。

他们为何如此热爱这项活动？最主要的是为了消遣。除此之外，这是他们了解最新动态的最直接的方式。视频还有教育、解压、寻求认同感等多重作用。偶尔还可以与自己的偶像进行互动（很多公众人物通过社交平台吸粉）。

还记得我们小时候要等几个小时甚至是几天才能看到连续剧更新一集吗？现在的孩子很幸运，他们随时随地都能看节目（甚至在学校也能看）。

视频广告创业公司Sharethrough的一项最新调查显示，87%的青少年观看视频时开启声音，85%的人在家看视频选择全屏模式。但是在学校或是工作的场所，他们会调成静音模式。

这对市场营销有何启示？我们该做些什么？

第一，营销人员一定要思考这一天当中如何插播自己的广告。Z世代几乎无时无刻不在观看各类视频，但是如何自然地在自己的广告中融入创意，不引起他们的反感，确实需要费一番思量。那种太过随意或是突然插播广告的做法绝对不可取。

第二，营销人员应该考虑插入商品广告视频的情境。如果此时观看视频是在静音模式下，那么醒目的标题或是简短的描述就显得尤为重要。大标题的作用在于对观看了视频和快进视频的观众来说效果截然不同。Facebook现在采用的是自动播放的隐藏式字幕（Closed Caption），因为很多人都是在工作或是路上，不希望受到声音打扰，手机处于静音状态。

Sharethrough公司的市场和销售部负责人，克里斯·施莱伯（Chris Schreiber）公布的一组数据显示，67%的青少年更愿意在静音看视频时读到一些醒目的标题，而不是直接插播广告。84%的人根据标题内容决定是否点开广告。施莱伯建议市场营销人员"思考广告对应的核心元素，将其融入标题之中"。

市场营销人员应当充分利用有限的窗口吸引年轻人的注意力。施莱伯认为："Z世代对速度要求极高，因而他们通常会在短时间内快速决定下一步要做什么。"

对不感兴趣的东西,他们会快速跳过,对于感兴趣的广告也可能停下来认真看。他们喜欢那些从中可以获得存在感的推广内容,比如让他们成为文化运动的一员,或者他们可以在其中贡献自己的一份力量。音乐和幽默同样重要,也是彰显商业广告品质的一部分。Z世代十分关注创意的融合,喜欢VR和AR技术的使用(见图3-5)。

减少预算
你不需要投入过多资金,只要你的视频有创意,能够满足观众需求,低投入也会有高收益。

了解客户
了解客户的兴趣点和价值观,设计适合的视频内容。多查阅相关的调查数据是关键。

压缩时长
尝试不同的视频内容,保持新鲜度。超过半数的用户会在社交媒体上转发视频,因此构思巧妙且简短的视频是营销取得成功的秘诀。

开拓创新
短视频意味着所有内容都要在30秒内完成。这对于服务产品来说确实很有挑战性,但是你可以通过设置醒目的标题推销你的新产品。

图3-5 如何制作引人注目的视频

"游戏效应"或是类似的场景让年轻人充分参与其中,是视频广告制作应当考虑的另一个因素。Z世代多数时间都在玩网络游戏。《精灵宝可梦GO》很好地印证了这一事实,这一代人已经不局限于室内网络游戏,他们也玩真人游戏。这充分证明,让他们参与其中,就会有广阔的市场效应。

视频的内容不能仅停留在视觉画面层面,要像游戏场景一样,抓住观众的猎奇心理。Z世代不会只满足于坐下来看一些美妙的画面,他们需要感受到自己是故事的一部分。将游戏机制引入到你的视频内容中,比如选举、颁奖、比赛或是竞技等。

记住,视频对Z世代少年来说就像空气一样必不可少,所以要不断地尝试新的内容(见图3-5)。一锤子买卖绝对是大错特错的做法。

内容策划

我们在手机上看到的广告内容若像邂逅般美妙是再好不过的事情了。商家要抓住机会让品牌的声音自然地融入 Z 世代生活中，而不是打扰他们的生活，这与屏幕大小没有关系。

Revolt Mobile 副总裁杰克·卡茨（Jake Katz）在回答如何创新适合 Z 世代的广告内容时建议，让品牌更人性化。也就是说，让品牌形象更具体化，能够与顾客互动起来。消费者更倾向于接受与日常生活相关的内容，那么广告应该设在超市货架的两旁、入口处或者供应下午茶的餐厅内。

一定要避免以售卖的方式推销，可以选择与年轻人坐下来闲聊，但是要注意这些原则：真实、快速、毫无察觉、一致、友好、人性化、幽默、自主、富于同情心以及安全等。

真实

孩子们很不喜欢父母在自己的朋友面前装酷，同理，他们也不喜欢那些公众人物故意与他们拉近距离的做法（抱歉，这里再次提到希拉里的例子）。Dose Studio 数字传媒公司副总裁阿曼达·古特曼（Amanda Gutterman）说："Z 世代并非真的讨厌广告商，他们只是对内容的真实性比较敏感罢了。"

与上一代人相比，他们不太信任广告，会尽可能地跳过传统模式的广告。但是，只要迎合了他们的需求，他们也会花一些时间看一看新鲜的内容。只不过他们的需求变化多端，不太容易捕捉，这也是这一代人对广告关注得越来越少的原因。

快速

我们之前提到过这个原则，但在这里很有必要重申：你只有 8 秒或者更短的时间抓住他们的注意力，不要浪费任何一秒！确保你的广告内容切题，且足够引人入胜。

回想一下本章的内容。是否给你留下了很强的视觉印象？那么你的视频呢？是否能在 3 秒以内吸引观众的眼球？如果你做到了，那么接下来的几秒钟就不会白费。如果没有，他们会迅速转移注意力。如果你成功地捕捉到了他们的兴趣点，他们就会有欲望深入了解你的产品。如果一开始就没能引发兴趣，他们就不会在意接下来你要表达什么。

毫无察觉

Z 世代需要的是遁于无形的广告体验。流行的说法是"全渠道零售（Omni-channel）"，但这并不意味着在所有平台上不停地滚动播放。

一致

你不可能在 Facebook 或者 YouTube 上全天候播放一段 30 秒的广告视频。你的视频内容要与平台特色相关。举例来说，Snapchat 平台内容往往不加遮掩显得傻气；Instagram 平台内容经过过滤更高大上一些；推特更新速度更快，内容比较好玩。在这些平台进行推广的时候，就要注意与平台风格保持一致，不要让用户觉得内容突兀。

友好

在与 Z 世代打交道的时候，无论线上还是线下服务都要自然亲切。在店体验与在线体验风格须一致。如果某个品牌的推特官方账号与粉丝互动幽默风趣，而实体店服务呆板僵化，那么也很难维持长久的客户量。

若想赢得顾客始终如一的支持，一定要时刻关注顾客的需求，而互动是观察顾客需求最直接的方式。了解他们的兴趣、热情、价值观，以及他们喜爱的服务风格。

人性化

顾客更愿意信任"人"，而不是冷冰冰的品牌名称。顾客总是希望自己被视为活生生的人，而不是付钱的机器，商家要记住这一点。那么，如何让你的品牌看上去更人性化呢？

其实，并没有一个万能的对策可以解决所有问题。

但是，我们能做的是创作品牌故事，与顾客之间建立情感联系，让他们愿意倾听你的讲述，感到被关心在意。一旦出现失误，勇于承担要好过逃避责任。如果品牌没有特色，很快就会被淹没在商业大潮中。因此，易接近、有趣和容易引发共鸣很重要。

依照卡茨的观点，在当今媒体环境下，与年轻人建立长久供需关系的关键在于影响力："在我们这个时代，市场营销做得最出色的并不是商家，而是那些社交达人们，他们最清楚如何在新的社交媒体上去建立、维持与青少年一代的纽带，并与他们良好互动。"（详见第四章）

幽默

不知道Z世代最近关注什么吗？没关系，直接去问他们，让他们给你播几个最近在YouTube上最火的视频，他们的答案一定会让你措手不及。还记得第二章中我们提到的Z世代的搞笑方式吗？他们喜欢自嘲的、无厘头的幽默段子，对于许多成年人来说，这些梗都很难理解。但是，请记住，你的顾客永远是对的。

自主

千万别强迫他们看你的广告视频。对一段无法跳转的广告，他们最直接的做法就是转频道。所以，最好给他们自由选择看与不看的权利。明略行市场咨询公司（Kantar Millward Brown）的一项报告显示，59%的Z世代少年表示更能接受可跳转的广告视频形式，只有15%的人能够接受不可跳转的广告。

早在千禧一代身上，我们就已发现了这一趋势，只不过Z世代表现得更为突出。他们更容易产生厌烦，不愿意过多等待。一半以上的人选择安装广告过滤程序。结果就是，如果强行植入广告，他们就不看了。所以，在播放广告视频的时候，要么给他们一些"奖励"，要么给他们跳转的自由。

富于同情心

Z世代很清楚自己享受到的现代化科技，更愿意利用便利的条件去帮助需要的人。商家要关注他们的需求，关心时事热点事件，尽可能通过支持公益事业的行为，树立正面的品牌形象。

Sparks & Honey调研公司的一项报告显示，在16—19岁的青少年群体中，26%的人都是积极的志愿服务者，60%的人表示希望自己将来从事的职业对改变世界有所贡献，76%的人十分关心环境问题。这项报告还显示了一个更为引人深思的现象，即Z世代普遍关注人权问题，尤其是LGBT问题[LGBT是女同性恋者（Lesbians）、男同性恋者（Gays）、双性恋者（Bisexuals）与跨性别者（Transgender）的英文首字母缩写]。

最为典型的案例是威瑞森电信（Verizon）发起的"HopeLine计划"。威尔森通过HopeLine程序回收了大量旧手机，将它们分发给家庭暴力的受害者。这一举措既帮助了那些受害者，又对保护环境、减少电子垃圾做出了巨大贡献。这次运动提升了公众反对家暴的社会责任感，提高了全民的环保意识，可谓一举两得。

品牌要展现出自己热心公益、富于同情心，不能只停留在高喊口号上，一定要用行动证明。

安全

为了设计出更人性化和深入人心的广告内容，越来越多的市场营销人员开始研究大数据。分析网络接入的常用地点和用户习惯是最常用的手段。

正因为科技手段不断更新，商家更要注意Z世代对隐私的高度敏感性。他们十分在意自己的信息安全问题，也要求商家做到信息不外泄。对采集信息的用途、使用时长和信息内容，商家要信守承诺，因为这一代人绝不容忍任何欺骗行为。

总结

此刻，作为市场营销人员的你，合上你的笔记本电脑，抛开手中的书籍（本书除外）。然后，放松一会儿，环视四周。承认一个事实，你的计划确实难以赶上 Z 世代的变化，你的创意更新速度赶不上 Z 世代消费模式的变化速度，你灌输的速度也赶不上他们学习的速度。那么，就请深呼吸，不要极尽追求完美，而是追求真实。

制订针对 Z 世代的营销策略时，考虑广告投放的平台的风格。问一问自己：如何消除冗余？视频标题信息足够醒目吗？视频长短是否合适？视频内容是否展示了品牌故事？

回顾整个视频，你要讲述的内容是否控制在 8 秒钟以内，还有没有删除的空间，或者是否达到了最优？你的海报在手机屏上的比例是否合适，如果投放到电脑屏上转换是否自然？观众会在什么场景下观看你的视频或海报？他们看视频时是否需要开启静音模式？

你的价值主张并不一定建立在长篇大论的描述里。要与时间赛跑，才能抓住这一代人的注意力。用他们喜欢的语言交流，能用图片就不使用文字，如果一张图片的作用胜过千言万语，你就赢在了起跑线上。

重点回顾

☐ **Z 世代不只是"移动优先"的一代，更是"移动唯一"的一代。** 过去人们将手机屏定义为"第三屏"，如今它已成为这一代人的"第一屏"，而且在多数情况下，是"唯一屏"。

☐ **Z 世代已经习惯于处理大量视觉信息。** 很多研究都指向同一个结论，这一代人的大脑"运行"速度惊人。

☐ **商家想要吸引这一代人的眼球，就要使自己的内容相对于手机屏来说，做到最优化。** 网站设计的变化最初是由电脑屏幕转向适应多种移动设备屏幕，被称为"移动优先"，那时电脑屏幕处于次要地位。

- [ ] Z世代几乎随时随地都在观看视频。这是他们了解最新动态的最直接的方式,同时视频还有寻求认同感的作用。
- [ ] Z世代总是希望自己被视为活生生的人,而不是付钱的机器。商家要创作自己的品牌故事,与顾客之间建立情感联系。

Z世代营销

第四章
新的市场影响力

想象这样一个场景：你又回到了高中时代，穿过教学楼长长的走廊，两旁都是身穿耐克的同学，大家在谈论某某同学又买了好几件这一季的新款；于是，你默默记下他们的话，下次逛街的时候也央求妈妈给你买几件新品。你也知道你要的这些衣服、鞋子都很贵，但是只要能在同学面前酷酷的，花多少钱都值得。

然后，我们再把画面转回到今天，其实现在的孩子追求热点的方式与我们那时截然不同。他们的注意力在网络上，他们利用社交媒体投射自己的影响力。敏锐的市场营销人员会抓住这个讯息，在Z世代经常使用的媒体平台上与之互动拉近关系。

Z世代少年不仅彼此之间相互影响，他们的行为还影响着父母和其他家庭成员的购物习惯。由于身处信息大爆炸的时代，这一代人的生活充斥着各种各样的信息，熟悉更多的品牌。因此，传统的家庭消费模式正在逐步瓦解。

与他们的前辈千禧一代不同，Z世代对传统广告比较抵触，甚至有些怀疑。他们并不反对广告，只是讨厌"被广告"的感觉，不喜欢"被迫"去买什么。市场人员应当尽力规避这样的做法，通过适合的途径捕捉Z世代的注意力。

Z 世代营销

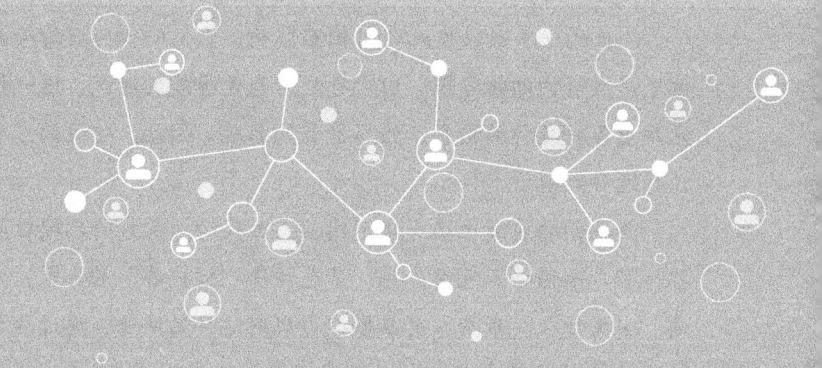

什么是影响力？

"影响力是一种不可抗的无形的力量。它影响我们的日常选择，比如去哪儿吃饭、买什么样的鞋子。无论我们是否察觉得到它的存在，它的确左右着我们的最终决定。"

——约瑟夫·科尔 《影响力营销策略》
（Joseph Cole, *A Leading Influencer Marketing Automation Solution*）

马斯洛需求层次理论

20世纪40年代，亚伯拉罕·马斯洛提出了著名的需求层次理论，帮助我们更好地理解行为动机。当初提出这一理论的时候，他大概没有想到今天的市场营销专家们会用这一金字塔模型分析消费需求等级（见图4-1）。

图4-1 马斯洛需求层次理论

借由这一理论，商家可以更好地将产品推销建立在顾客需求之上。例如，针对第二层级安全需求，新手爸妈在买车的时候可能更关注汽车的安全性能，品牌广告完全可以以此作为切入点。

除了马斯洛的需求层次理论，本章关于影响力的谈论必须要提到的另一位人物是戴尔·卡内基（Dale Carnegie）。1936年，在《人性的弱点》一书中，卡内基提出了赢得别人赞同的12种方法，并沿用至今。卡内基鼓励人们以友好的方式开始一段交谈，要对他人的话产生共情，站在对方的立场上思考问题。

精明的市场营销绝不是换一种手段欺骗和愚弄消费者，而是要建立互相信任的长久机制，这才是成功的关键。Z世代更期望富有人文情怀的广告方式，能够引发共鸣，供需双方建立朋友般的信任。

家庭地位

"没有任何一代人像Z世代一样在家中和社会上都拥有强大的影响力。78%的家长认为自己这么大的时候很少参与家庭决策。"

——ZENO组织

当你还是孩子的时候，家里买什么牌子的电视机、去哪里度假或是晚餐吃什么都是由你的父母决定的。如果你鼓足勇气说出自己的想法，父母多数情况下会这样回复你："我做什么你就吃什么，不要挑食。"或者，古板一些的家长会说："我说什么就是什么，不要问东问西的！"

人类数千年的历史延续，家庭运行模式几乎没有改变过，都由父母做决定，尤其家庭重大决策更是如此。但现在，这种模式已经被颠覆。主要原因是传统家庭结构发生变化，青少年能够接触更多的信息。就家庭决策来说，我们已经由家长制慢慢转向民主制。

家庭结构的变化

过去的家庭基本上由父母和2~3个孩子组成。现代社会，家庭构成更为复杂，包括单亲家庭、非婚家庭和重组家庭。1960年人口调查数据显示，37%的家庭为传统家庭，即父母养育自己的孩子。而如今，只剩下16%的家庭为传统家庭模式。

现在的美国人普遍晚婚晚育，不愿意生养太多孩子。此外，女性选择未婚生子的比例也在上升，2015年的人口普查数据显示，还有16%的非婚生子是由父亲抚养的，男性在育儿方面承担了越来越多的责任。

单亲或是双职工家庭，父母的时间非常有限，有时候不得不撒手让孩子承担更多的家庭责任，比如购物，由孩子来选择为家里添置什么物品。还有一些家长认为孩子更擅长使用电子设备查询信息，因而也乐意让他们参与决策。

假如你让你的孩子策划一次家庭旅行，他/她通常会做个详细的列表或是PPT，有理有据地给你讲解攻略。如果他/她自己有非常明确的目的地，他/她会像位谈判专家一样使出浑身解数说服你同意他/她的建议。他们很会分析市场，因为他们会在前期做大量的调研，他们也很清楚自己最终想要达成的目标。

所有这些都表明Z世代在家庭中扮演的角色越来越重要，而家庭内部协商也越来越民主化。妈妈不再是唯一决定家庭日常购物的人，爸爸也不再是唯一决定汽车和电子产品等大件物品购买的人。如今的孩子很早就知晓金钱的作用，并在实际生活中承担了更多的家庭责任。

初步估算Z世代的可支配金额在440亿美元左右，而受他们影响的家庭支配金额高达6650亿美元，如此强大的购买力意味着广阔的市场前景。

影响家庭决策

舆观公司（YouGov）的一项最新调查显示，孩子在父母购物过程中扮演着"最积极的决策"角色，其决策力度主要与购物品种有关（见图4-2）。

由于孩子年龄不同，其在家庭中的话语权也不同，因而该调查基于产品类型和孩子年龄两方面因素综合分析 Z 世代的影响力。图 4-2 表明在家庭各种支出中青少年都有一定的参与度，只是决策所占比重有所不同。

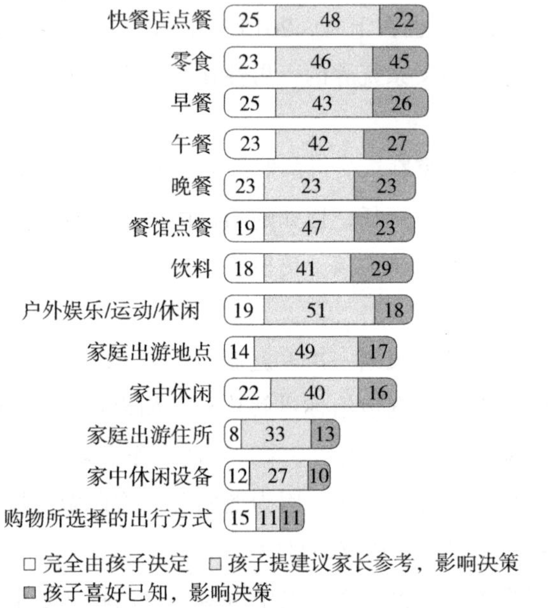

项目	完全由孩子决定	孩子提建议家长参考，影响决策	孩子喜好已知，影响决策
快餐店点餐	25	48	22
零食	23	46	45
早餐	25	43	26
午餐	23	42	27
晚餐	23	23	23
餐馆点餐	19	47	23
饮料	18	41	29
户外娱乐/运动/休闲	19	51	18
家庭出游地点	14	49	17
家中休闲	22	40	16
家庭出游住所	8	33	13
家中休闲设备	12	27	10
购物所选择的出行方式	15	11	11

数据基础：参与某项支出的父母一方及孩子所占决策比例

图 4-2　孩子在家庭购物支出中的决策比重（%）

在饮食的选择上，Z 世代拥有更大的自主权。有 1/4 的孩子可以完全决定家里快餐、早餐吃什么，对零食和午餐也有高度选择权。

在家庭休闲娱乐项目的选择上，孩子的影响力高居第二位。超过半数的家长在选择家庭出游地点时受到孩子提议的影响。

儿童消费力

一旦真正实施消费行为时，家长很难按计划采购。事实上，带着孩子一起买东西要比不带孩子多花 30%。千万不要小觑儿童消费力：他们在与家长的博弈中绝对可以称得上是谈判高手，他们会以考更高的分数或是做家务活来说服家长给自己买心仪的物品，有时候甚至会提出用自己的零花钱分担一部分花销。

舆观公司的这项调查显示 42% 的家长承认，他们对于孩子的某些欲求也是迫不得已去满足。

当然，不光是孩子对家长在购物上有所影响，家长也会影响孩子的选择。在第一章中，我们提到 Z 世代一个重要的特质是对待金钱更加保守。根据 2016 年 YouthBeat 的一项调查研究，50% 的家长认为他们的抚养方式延续了父母一辈的模式，包括他们让自己的孩子参与家庭购物决策。随着年龄的增长，人们会自然而然地回归上一代的育儿行为，今天的孩子也不例外，他们身上也会越来越多地展现出父母的影子，尤其是金钱观。Z 世代亲眼目睹了父辈经历经济衰退期时的生活压力，他们的成长经历造就了他们审慎的消费观。

美国银行首席 ESG 分析师 Andrew Plepler 在 2015 年发布的新闻稿中提到："我们的研究显示父母仍然是孩子消费习惯的最大影响力，这种影响会一直持续到孩子成年。"

除了父母的影响以外，对 Z 世代消费影响最大的是同伴。

同辈影响

能够得到同伴认同对任何一代青少年来说都是十分重要的一件事情。即使是受社交媒体影响的 Z 世代，仍然将现实生活中的朋友看得很重。唯一不同的是，这一代的同辈认同感大多来源于朋友之间的网络平台互动。

"同辈压力是一种世界范围内的普遍现象，每个人都期待在同辈那里得到认可。"青少年心理学家肯·桑尼施恩（Ken Sonnenschein）说："我们无法定性社交媒体引发的同辈压力是好还是坏。我认为社交媒体作为一种社会现象，加速了国际化进程，令孩子们暴露于更广阔的网络平台中。同辈期待依然存在，游戏规则没有改变，只是范围扩大，瞬息万变。"

88% 的孩子表示更愿意去自己同伴经常光顾的商店，62% 的孩子认为自己买东西时受朋友的影响，只有14%的孩子受体育明星的影响较大，受微博和YouTube影响的孩子只占13%，而明星和其他公众人物的影响只各占6%和7%。

《心理学》(Psychological Science)最近刊登的一项调查显示，在社交平台上获"赞"确实对青少年大脑和行为有一定影响。加利福尼亚大学洛杉矶分校的研究人员选择了一部分青少年进行这次实验，让他们加入一个类似于图片分享网站的模拟社交网络。研究者向被试者展示了148张图片，其中包括40张青少年自己提交的图，并利用功能性磁共振成像研究他们的大脑活动。

当被试者看到自己分享的图片获得大量点赞时，他们大脑中反馈奖赏的伏隔核（也被称为依伏神经核）变得活跃，这是大脑"反馈回路"的一部分，在青少年时期特别敏感。事实上，青少年看到发在社交媒体上的照片收到大量"赞"后，他们脑回路中的活跃区域与吃巧克力或赢钱时相同。研究者还发现，收到大量"赞"后，控制人的社会行为的"社会脑"区域和视觉注意区域都被激活。

社交媒体上同辈影响的另一个现象是，他们倾向于给已经获赞很多的图片或状态点赞，以此获得认同感。

这项实验的负责人劳拉·舍曼说："我们将同一张图片（一张是获得了很多赞的，另一张只有少数几个赞）展示给两组被试者，两组人对同一张照片的喜爱程度截然不同，即使那些点赞的都是陌生人。"

YouthBeat将这一现象称为"美国偶像"效应。这档电视节目流程采用众包模式，颠覆了以往人们心目中"星途"的概念。

当然，同辈影响不仅仅体现在社交中的点"赞"行为。

利用YouTube、Instagram、推特、Snapchat和Musical.ly等社交媒体分享自己的想法，Z世代已经成为新潮的开创者，他们彼此之间的联系建立在互动和信任之上。他们在社交圈中分享信息，在某种意义上有利于品牌聚焦推广。

因此，融入他们的社交圈，就是市场营销的最高目标。

市场营销影响力

"品牌在市场影响力上每花 1 美元就能带来 6 美元的收益,这就不难解释为何它成为走近消费者的最快捷的途径了。"

——《广告周刊》,2015

2012 年,布莱恩·索利斯(Brain Solis)在《数字影响力的提升》(*The Rise of Digital Influence*)一书中提到,企业要在社交媒体影响力下使宣传效果最大化。2015 年,《广告周刊》(*Adweek*)将社交网络上的品牌战略称为"最近的大事件",认为这是赢得 Z 世代这一消费群体最直接、最有效,也将是规模最大的推广模式。今天,市场营销影响力已经渗透到网络媒体的各个角落,它将带给商家的回报是不言而喻的。

但是,市场影响力并不是一个全新的概念,广告出现早期,商家制造品牌影响是以代言的形式出现的,尤其是启用明星或公众人物扩大产品和服务的影响范围。例如,琼·克劳馥(Joan Crawford)与百事、波姬·小丝(Brooke Shiels)与 CK、迈克尔·乔丹与耐克,等等。

然而今天,由于社交平台的崛起,名人已经不再是广告推广的唯一力量来源了。公众人物们也在与时俱进,通过社交网络发表自己的观点来圈粉。这为市场营销开辟了新的路径,对产品和企业形象进行宣传。

兴起于 20 世纪初期的微博也曾撬动杠杆,为很多品牌带来巨大利益。当"妈咪帮"出现后,这一作用显得尤为突出。妈妈们利用博客倾诉养育孩子过程中的艰辛,彼此分享经验教训,互相鼓励。在分享育儿经的互动中,妈妈们也会彼此推荐好用的产品。

这看似不起眼的举动却是市场发展的巨大助推力,因为妈妈们更愿意相信与自己经历相似的其他妈妈们的话。微博给了这一群体一个全新的互联沟通的平台,她们可以自由地讨论感兴趣的产品。

微博只是一个开端。今天的网络影响着生活的方方面面。Facebook、

YouTube、Instagram、推特、Snapchat 和 Musical.ly，随便挑一个平台，你都能从中看到各种各样的圈子，成员之间因共同的兴趣爱好频繁互动。其核心人物，也就是圈子中最具影响力的人物，能够营造出团结一致的氛围，这是他们受到拥护的主要原因。毕竟，人与人之间的信任胜过人对产品的信任。作为市场营销人员，要抓住市场环境提供的机遇。

完美的营销风暴

既然市场影响力并不是一个全新的概念，微博和社交媒体也早在十多年前就已出现，为何今天还能成为焦点？自动化营销平台 Tapinfluence 概述了市场营销人员、社交名人和消费者在今天的市场环境中所面临的几点主要变化。

市场营销人员

对于市场营销人员来说，变化意味着要求拥有敏锐的市场嗅觉和深刻的数据分析能力。约翰·沃纳梅克（John Wanamaker）曾经说过的"我知道在广告上的投资有一半是无用的，但问题是我不知道是哪一半"，这句堪称广告营销界的"哥德巴赫猜想"，如今已不再适用。因为很显然，数字化市场依赖数据，几乎每一分努力都有迹可循，能够量化分配。

数据聚焦同样适用于社交媒体。网络媒体的发展促使各种软件如雨后春笋般涌现，用户体验褒贬不一。市场营销人员必须根据数据分析结果，了解 Z 世代偏好的软件，并紧随其后。

同样地，广告内容的创作依据也发生了巨大变化。从前都是商家站在自己的角度吹捧"我们的产品有多棒"，如今已是消费者主导的广告市场。无论是广告语还是推文，产品必须展现受众能够欣然接受的产品特质，促成商家与消费者的有效沟通。总而言之，无论制订怎样的方针，付出多少努力，都要以 Z 世代的需求为导向。

社交名人

社交名人更喜欢使用 Pinterest、Instagram 和 Snapchat 这一类内容简短、以视频为主的社交平台，以此来吸引更多的青少年。虽然像微博这样可以发表长篇大论的平台曾红极一时，但是如今依靠长文并不能带来足够的收益。

不仅推广内容要随网络的发展而变化，其受众也发生了变化。如今品牌内容的对象主要是千禧一代和 Z 世代，社交名人将目标锁定在这两个群体上。更为重要的是，他们在与这两代人互动时，必须要确保内容的真实性，将真实性与创新性融合在一起。

"社交名人"在推广内容和质量上越来越精细化，相对较高的经济收益促使很多年轻人加入其中，甚至发展成为一种职业。很多 Z 世代少年认为成为社交名人可以有一份可观的收入，是不错的职业选择。

消费者

越来越多的年轻一代消费者信赖同伴胜于信赖产品广告，即使同伴推荐的某些内容也得到了商家赞助，只要内容不与自己的价值观相悖，具有教育性和娱乐性，那么消费者就会乐于接受。

关键是要包含真实的和有意义的内容，因为 Z 世代十分反感一些广告商的"欺骗"行为。对于自动播放的视频、跳转视频和缓冲间歇播放的广告图片，真实性尤为重要。

最后，Z 世代首选的移动设备是智能手机，用户希望手机接入可以流畅自如。

"新星"

"我们不再轻易受高大上的明星的影响，他们的名气对我们来说意义不大。我们更喜欢接地气的社交名人，能够在社交媒体上与我们互动，喜欢我们对他们 YouTube 视频的评价。我们享受这样亲切的接触。"

——格蕾丝·马斯巴克

如果你还在花大价钱请碧昂丝、泰勒·斯威夫特和贾斯汀·比伯这样的名人来帮你"售卖"产品，那一定是又费钱又费时间的错误决策。

利用社交名人的影响力，创作适合品牌的内容取代传统的名人代言形式，这才是明智之举。商家会因"真实的人"分享"真实的内容"博取消费者的信任，获取巨大的收益。

Cassandra 2015 年的报告显示，63% 的 Z 世代受访者表示，相较于名人代言，他们更喜欢普通人做推广的广告内容。一项民意调查显示，在网友选出的"最亲切、真实和具有影响力"的 10 位代言人中，有 8 位是 YouTube 红人。

社交媒体催生的"社交名人"现象势不可当，我们该如何判断利弊？市场营销人员该如何决策才能让每一笔投资都有回报？此外，如果传统广告模式已经无法适应时代潮流，商家又该何去何从？这些问题都值得我们深思。

新的互动规则

过去，明星成名的途径无外乎通过电影、电视剧、时尚、音乐或体育竞技。他们获得粉丝喜爱是基于自己的某一特长或才能。商家请明星代言自己的品牌，利用大众对明星的追捧提高自己产品的认可度。

社交名人则不同于明星，他们"成名"仅仅是因为他们做真实的自己。他们通过分享相似的兴趣爱好和观点赢得粉丝的喜爱和信任，并与之建立友谊，形成自己的圈子。Think with Google 将 Z 世代与社交名人之间的关系描述为"友谊"而不是崇拜与被崇拜的关系。而这些社交名人所涉及的领域包括时尚、游戏、旅游、美食、居家和健身等。

借助社交名人的力量，品牌可以营造一种口口相传的营销模式，通过朋友之间的信息分享，树立品牌形象，不要给人一种花钱代言品牌的感觉。事实上，很多社交名人推广产品也是建立在与企业的经济利益之上的。他们借助自己的影响力，潜移默化地扩大自己所代言的品牌的影响。而那些追随者因为十分信任自己的偶像，相信他们不会"售卖"违背自己价值观的东西。

然而，福雷斯特（Forrester）调研公司的分析师 Jessica Liu 认为社交名人与明星代言有许多相同之处，消费者必须鉴别"真实的推荐与付费的推广之间的灰色界限"。因为并不是所有的社交名人在为某品牌发声之前都做好足够的功课，在金钱面前，利益可能是首选因素，因而产品质量并不能得到保障。她说道："影响力市场营销无非是换了一种代言模式，与电视广告或印刷广告并无差异。然而，Z 世代并不在意这一点。对他们来说，与偶像互动建立的先入为主的认可更重要，他们并不在意这背后是否有利益瓜葛。他们依然愿意支持偶像的推广。"

通过分析一些案例，我们看出名人代言与社交名人推广之间有时界限并不明显。典型案例如卡戴珊姐妹。她们因参加电视真人秀《与卡戴珊一家同行》，进而在社交媒体上一举成名。看上去这一家人中最出名的要数金·卡戴珊了，但是 Z 世代似乎对小妹凯莉·詹纳更情有独钟。

这是为什么呢？詹纳身上拥有什么特质值得年轻人学习呢？我们能够从表面上看到的是她不停变换的造型、服饰，但是她带给我们的远比这更多更有价值：

美出高度。时尚界再一次掀起卷发潮流，这几乎都是卡戴珊姐妹的功劳！

事业如日中天。凯莉自创化妆品品牌，尤其是唇釉销往世界各地！

充满爱的家庭氛围。无论何时这一家人都是彼此最有力的支撑！

个性的态度。她们的父亲布鲁斯·詹纳，在变性手术后更名为凯特琳·詹纳，是一位受欢迎的演说家，为变性人发声。

在 Z 世代眼中，卡戴珊一家以开放的姿态，乐于分享自己创业和生活中所经历的挣扎以及付出的努力，这正是他们极其渴望的。

总结

那么，如何与社交名人合作才能最大限度地提升自己的品牌影响力呢？

在 Inc.com 网站上发表的文章《与社交名人合作的十点建议》中，约瑟夫·斯坦伯格根据著名企业家、投资人和商业咨询顾问莫里·纽兰兹的阐述，提出了自己的看法。

纽兰兹认为，与社交名人的合作一定要建立在互利共赢的前提下。他说："社交名人对合作的产品拥有众多选择，并且更信赖他们熟悉的企业和品牌。"因此，寻求合作之前要做好充分的市场调研，明确目标。但更重要的还是企业和产品自身的口碑，品质过硬才能让别人在推广的时候无后顾之忧。

另外，要记住即使是决策高明的营销战也不是一劳永逸的事情，要持续不断地跟进市场变化，要充分发挥社交名人的影响力，展现产品和品牌更高的价值。Acorn 创始人史蒂芬妮·芬克建议："商家列出理想合作伙伴清单，根据客户需求和营销战略的不同选择合适的人选。"那些气质与产品风格不搭的社交名人无法起到良好的宣传作用。

即使这些社交名人代言产品能够获取一定的经济回报，但是也会对产品有所筛选。根据纽兰兹的分析，社交名人代言背后，金钱只是其中一个因素，更重要的是积攒人气，提高自己在社交网络上的活跃度，这些几乎胜过产品本身的吸引力。

然而，芬克指出，社交名人大红大紫并不会维持太久，市场营销需要不断更新目标，不能将全部焦点押注在某一两个人身上。他们人气维持时常平均只有 3 年。

有些社交名人影响的圈子并不大。但是，所谓的小众名人虽然粉丝数量有限，其忠诚度却极高，对商家来说也是很适合用来做宣传的。芬克认为这类名人给人的感受比明星更亲切，能够自然而然地引起粉丝巨大的好感。此外，他们的费用比明星也低很多。

在芬克看来，消费者对社交名人代言产品比较认可："当气场与产品风格匹配度较高的社交名人力推某一产品时，他/她的粉丝们随即就会作出回应，因为信任。"

社交名人也很懂得捕捉观众心理，所以商家尽可以放手让他们自己去设计广告形式。纽兰兹认为："限定社交名人的具体推广方式是很不明智的做法，要给他们足够的创作空间，让品牌形象更真实亲切。"人文情怀才是这些社交名人有效打广告的关键因素。

真正的推广环节也是费人思量的，要充分利用各种关系网。纽兰兹建议让这些名人在产品发布和后续各个环节中发挥"记者"的作用，在熟悉的社交平台上与粉丝分享讯息。例如，赞助一些Giveaways活动、用户原创内容（UGC，User-Generated Content）以及放手让社交名人主持一些有奖竞赛类活动。纽兰兹说："以这些名人在台前充当裁判的形式，让你的产品营销脱颖而出。"

案例分析

品牌：Truth。

现象：社交网络禁烟视频 Left Swipe Dat，旨在宣传吸烟不仅有害健康，而且会让你的魅力减半。

操作：参与视频拍摄的包括YouTube红人Grace Helbig、因 Epic Meal Time 节目而走红的Harley Mortenstein以及AlphaCat等名人。除了一群演员用滑稽的表演形式证明吸烟并不会增加魅力以外，视频中的图片也格外醒目。Left Swipe Dat 视频中大量镜头聚焦在Tinder软件上的吸烟照片，其中一个男人站在一只海豚上越过彩虹的图片格外夸张。这支单曲在第57届格莱美音乐盛典上首次播放。

效果：当社交名人纷纷转发该视频后，Left Swipe Dat 迅速成为网络热点（见图4-3）。仅YouTube上的转发量就达到3454万次。社交名人效应在这次歌曲推广中显现得淋漓尽致，以真实的、贴近生活的特点吸粉无数。Truth也斩获了戛纳广告节铜狮大奖。

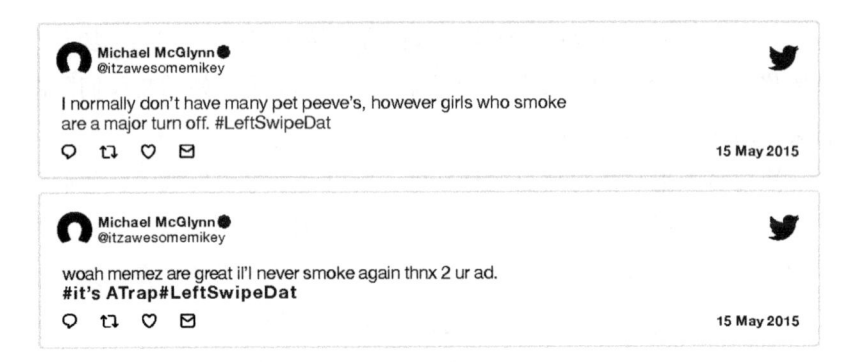

> Michael McGlynn
> @itzawesomemikey
>
> I normally don't have many pet peeve's, however girls who smoke are a major turn off. #LeftSwipeDat
>
> 15 May 2015

> Michael McGlynn
> @itzawesomemikey
>
> woah memez are great il'l never smoke again thnx 2 ur ad. #it's ATrap#LeftSwipeDat
>
> 15 May 2015

图 4-3　*Left Swipe Dat* 在推特上的转发图片

披露原则

　　与社交名人合作共赢还需注意一个细节：披露原则。美国联邦贸易委员会（FTC）密切关注并要求网络名人在使用社交平台时必须披露与品牌的关系。如果某品牌与名人之间存在合作关系，无论是付费的合作还是其他形式（如礼品、免费产品或是其他），双方必须添加能够表明合作关系的标签。

　　过去，社交名人惯用"#sp""#ad"和"#spon"等明示与某商家的合作。现在，根据FTC《代言指南》的规定，这样的标签并不达标，并且对缺少披露标签的商家会采取制裁措施。如罗德与泰勒百货（Lord & Talor）和华纳兄弟（Warner Bro.）就曾因违规宣传，遭遇过严厉处罚。

　　商家遵守规章制度是必要的，同时也要提醒合作的名人明示合作关系。在订立合同的时候要将披露原则纳入条款之中，并且密切关注他们是否依规行事。毕竟，很多法规对商家的约束力度远远大于对社交名人的约束力度。

　　随着社交网络的发展，FTC会时常更新《代言指南》中的细则。在与名人确定合作关系之前，一定要确保你的团队熟知最新条款，以免违规。

重点回顾

- Z世代不仅彼此之间相互影响，他们的行为还影响着父母和其他家庭成员的购物习惯。由于身处信息大爆炸的时代，这一代人的生活充斥着各种各样的信息，熟悉更多的品牌。因此，传统的家庭消费模式正在逐步瓦解。
- **家长影响孩子的购物选择**。今天的孩子身上会越来越多地展现父母的影子，尤其是金钱观。Z世代亲眼目睹了父辈经历经济衰退期时的生活压力，他们的成长经历造就了审慎的消费观。
- **精明的市场营销绝不是换一种手段欺骗和愚弄消费者，而是要建立互相信任的长久机制，这才是成功的关键**。Z世代更期望富有人文情怀的广告方式，能够引发共鸣，供需双方建立朋友般的信任。
- 商家会因"真实的人"分享"真实的内容"博取消费者的信任，**获取巨大的收益**。相较于名人代言，Z世代更喜欢普通人推广的广告内容。在网友选出的"最亲切、真实和具有影响力"的10位代言人中，有8位是YouTube红人。
- **严格遵守披露原则**。美国联邦贸易委员会对没有披露合作关系，违规进行宣传的商家将进行严厉处罚。

Z 世代营销

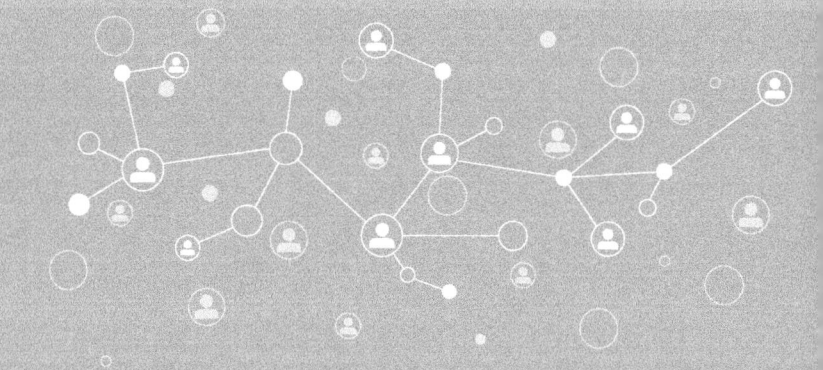

Z世代营销

第五章
新的"自我"定义

"Z世代是天生的自我代言人……他们善于塑造合群而又有个性的自我形象。"

——克里斯蒂·王（Kristie Wong） *GENERATION-WHO ARE THEY*

对于耐克、苹果、星巴克、谷歌以及其他的传统品牌，只能向你们说声抱歉了，无论你们多么努力，都无法超越Z世代最钟情的品牌。如今，占据他们内心最重要的品牌是：自我。

不要误会，这里的"自我"一词不是从前人们所认为的自恋、自私的意思，而是指追求被理解、被重视的一种心理。Z世代与以往一代的不同之处，是不再一味追求着装上的"酷"，而是关注社交网络上所塑造的虚拟形象。他们会经过反复斟酌填写自己的社交资料。"自我"形象都是刻意创设的。

网络环境瞬息万变，Z世代对此有着敏锐的捕捉能力。他们是成长的一代人，对新思想、新体验持开放态度，而他们敞亮的个性特质是向世界展现其独特、真实和值得称赞等品质的最好的通行证。这种开放性贯穿他们人生的各个阶段。

Z世代营销

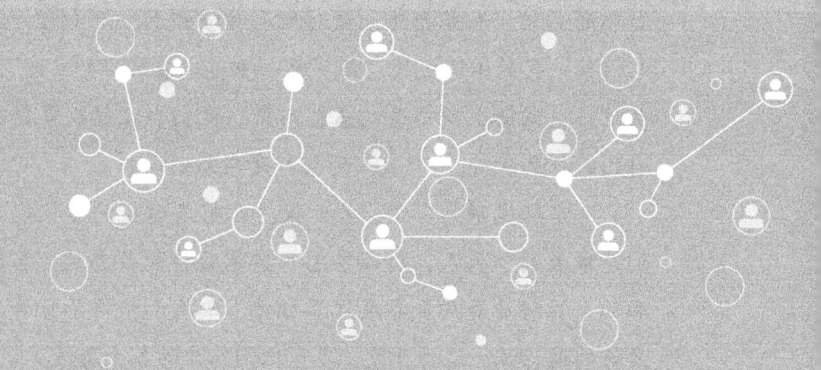

这对市场营销来说意味着什么呢？意味着一切！社交网络并不只是向商家打开了投放广告、促销产品的一个窗口。单一的传统操作是很多品牌推广失败的主要原因。

如今的Z世代少年评价品牌的其中一个标准是能否体现他们的自我意识。市场营销人员的角色要适时转变成Z世代"自我发现"道路上的同路人、好伙伴。

自我与归属

从研究中，我们得到的一个重要结论是：独特性对Z世代来说很关键。当被问及希望别人如何看待自己时，1/3的青少年说他们更愿意被认为"独特"胜过"真实"（见图5-1）。

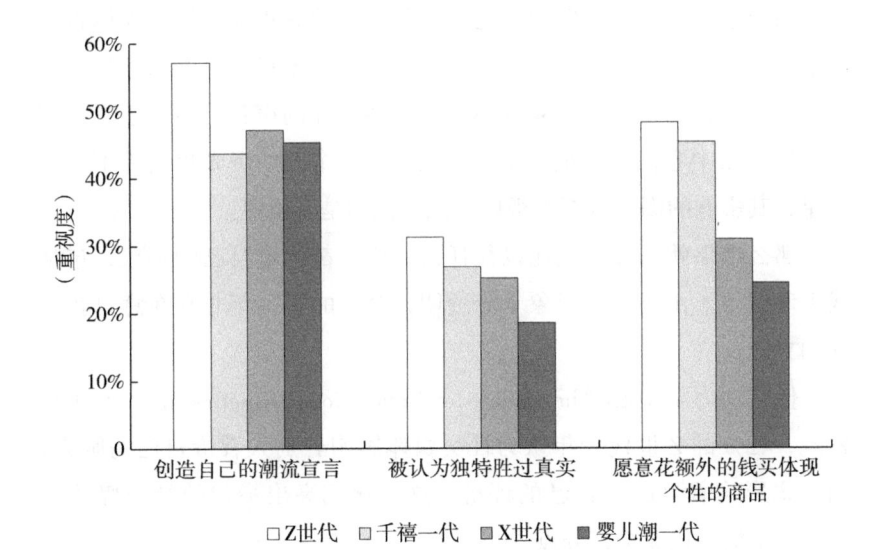

图 5-1 各代对独特性的重视度量表

Z世代崇尚独特，但并不意味着他们不合群。事实上，标榜独特性的终极目标恰恰是希望得到认同，获得归属感。每一代青少年都有一个共同的特质，就是同辈认可。因此，Z世代在塑造自己面具人格的同时，会把握住自我与归属之间的平衡，不会做过犹不及的尝试。

这确实消耗了他们很多时间和精力。少年们总是孜孜不倦地花费大量时间让自己看上去与众不同、有魅力，甚至是完美无瑕的；他们绝不会背离既定朋友圈的共同爱好、标准和来自同伴的期许。如果同时属于不同的交际圈会怎么样？例如，一位足球爱好者兼爵士乐迷，就需要塑造好双重面具人格或者多重面具人格，每一种人格适应一个圈子。当然，这些人格特质不能相悖，毕竟人性的真实性也是交友的重要因素。

是不是听上去有些累？这一代人就是如此。

塑造自我形象与追求完美

高中生活很辛苦，但同时也是品牌普及的聚集地。社交媒体将孩子们的时尚选择置于公众视野之下。无论走到哪里，评论都会如影随形。如果他们的选择与大潮流不符，那些批评的声音会不绝于耳，就算是回到家中心情也是很沉重的。几乎每一个人的曝光程度都不亚于明星，其影响的圈子范围也很广，无论他们是否情愿。

那么结果就是Z世代比以往任何一代人都注重自己的形象，包括线上和线下。由于个人形象十分透明，今天的青少年非常在意自我呈现的方式。

代际动力学中心(The Center for Generational Kinetics)的一项研究发现，42%的Z世代少年认为社交媒体影响着别人看待自己的眼光，同时也影响着自己对自己的评价。这一比例高出最初的社交媒体用户——千禧一代5个百分点。

名人如爱莉安娜·格兰德（Ariana Grand）就十分抗拒在社交媒体上暴露自己"不好的一面"，而凯莉·詹纳（Kylie Jenner）自从被爆17岁时接受过整容手术，也在网络上引起了轩然大波。Z世代就是这样对自己的形象十分在意的群体。他们各种行动的终极目标都是引起关注、得到认同，因而会想方设法达到自己的目的，而维护好自己的形象则起着至关重要的作用。

常识媒体（Common Sense Media）一项名为"儿童、青少年、媒体与形象"的研究发现，女孩子对自己在社交媒体上的面具人格更为在意：

35% 的女孩子十分担心自己的照片被贴上"无吸引力"的标签；

27% 的女孩子对于别人怎样看待自己上传的自拍照片感到有压力；

22% 的女孩子承认如果自己上传的照片没有引发关注，会感到沮丧。

Nick Reggars 说："Z 世代总是能够一眼看到自己照片中的瑕疵，在编辑文本、控制推文长度方面驾轻就熟，关注高品质的内容。"

这一代人在性格形成期长时间暴露于公共视野中，因而社交网络带给他们的同辈压力对自我价值认同有着十分重要的影响。根据美国心理协会的一项调查，接近 1/3 的受访女孩承认社交平台上与他人进行对比会让自己情绪低落；此外，有一些研究也表明社交媒体的使用与较低的自我认同之间成正相关。

这一现象不仅出现在女孩身上。2016 年，英国广告从业者协会智囊机构 Credos 发起的一项调查显示，超过半数的男性受访者承认他们同样面临社交网络带来的压力，总是希望自己的形象更有吸引力。

这些结果都表明 Z 世代的自我意识更强。他们用心观察周围环境，并且适时呈现出自己更好的一面，他们是自己的品牌代言人。

编织自我

"我们通常在社交网络上展现的是自己最好的一面，其他的就留给别人去想象了。"

——凯特·德怀尔

《为什么社交名人总是删除自己的账号——或许我们都该如此》

(Kate Dwyer, *Why Some of Social Media's Biggest Stars Are Deleting Their Accounts— And Maybe You Should, Too*)

Z世代并不认同年龄增长就是成熟的标志，他们也不认为组建家庭或第一次出国旅行这样的事件是人生的里程碑，他们认为成熟应该是一个曲折的觉醒过程。他们在很小的时候就会经历第一次觉醒，并在后续的人生中持续发酵。成功的标志不一定是取得看得见的成就，勇于表达也是一种成功。相较于成年礼，发现自我的过程更为重要。在这一代人眼中，年龄上步入成人与自我觉醒和自我发现之间并没有必然联系。

无论分析他们的Instagram动态，还是对热点事件的评论，或者是他们所取得的一些成绩，都能从中发现Z世代期待成为什么样的人，希望如何被对待。为了达到他们的终极目标（引起关注、得到认同），他们必须创设不同的面具人格。据奇葩设计（Ziba Design）前任创意总监Jaclyn Suzuki所说，超过75%的青少年拥有多重面具人格，这让他们更有安全感。在不同圈子中展现不同的人格特征不仅不会遭到排斥，更是合群的一种必要条件。

这就是为什么这一代人又被称为"斜杠一代"。也就是说，他们可以兼具排球运动员/演员/时尚达人/公益大使等多重身份，努力维持在标准以内；同时，又寻求在标准以外的新可能。毕竟，对他们来说，转换身份和角色也就是动动手指上传个照片而已。

Jonah Stillman在与父亲David Stillman合著的《职场中的Z世代：未来一代如何转变职场》一书中写道："人们只需要看我的Instagram，就能了解我的很多信息，比如，我热爱健身，经常滑雪，穿时尚潮牌，崇拜明尼苏达维京人队，既喜欢说唱音乐，又爱听乡村音乐，同时还是埃隆·马斯克（Elon Musk）的粉丝，为自己是Z世代的一员感到自豪。如果有一天我决定脱粉，很简单，删掉我账号中关于埃隆的一切分享就可以了。"

在最近的《家庭圈》杂志上刊登了一篇文章，文中说道："今天的青少年维护自己在社交平台上的虚拟形象与企业的做法相似。他们通过上传的内容确定自己的某些特质，类似于病毒式营销手法，最大限度获取别人的关注，获得点赞或是评论。"

Z世代的自我认同感和自我价值取决于分享内容后与之互动的人数。无论是发表观点、点赞、评论还是转发，都是衡量其人气的标准。

作为精明的自我代言人，Z世代简直可以称为"万事通"了。他们十分清楚何时何地上传内容能够引起更多关注。Heat的一项调查显示，青少年将"最佳时间"确定为中午前后和临睡前，这两个时间段分享的内容都能获得更多关注。大约50%的人选择在晚上发文或发图片，75%的社交平台活动发生在周五和周六。他们就像是精算师一样，发布内容既讲策略又不失真。这种天生的分析能力正是他们倾听世界的方式。商家想要在Z世代市场中站稳脚跟，分析这一代的性格和行为特征是关键。

信息化时代，Z世代到访数据唾手可得，品牌应该充分利用便利条件，推断他们倾向于用何种方式在社交平台上展现自我，又是如何来表达自己对身份、性别的界定，以及如何看待周围世界的。企业应当重新思考Z世代的自我意识，在与之互动中实现产品营销的目的。

我们以封面女郎（COVERGIRL）化妆品品牌为例。

2016年，封面女郎品牌做了大胆尝试，启用首位男性代言人，17岁的美妆达人，也是YouTube网络名人——詹姆斯·查尔斯（James Charles）。本次詹姆斯代言的产品是一款睫毛膏So Lashy（"睫毛弯弯"）。这款产品不仅适合女性，同样适合男性使用，而且适合所有睫毛类型。由一位男性代言传统意义上的女性美妆用品，传递了"性别平等"的信号，得到广泛认可，销量喜人。而詹姆斯也因与封面女郎的合作在Instagram上吸粉超过200万人。Z世代称赞封面女郎打破性别界限，体现企业文化中的包容性。

过度粉饰

"社交媒体被用以刻画最完美的形象来满足世人的标准，他们想看到的是有趣的且独特的虚拟形象。每个人都通过社交平台上他人的评价来判断自己的价值。"

——康纳·布莱克利（Connor Blakley）

以著名的艾森娜·奥尼尔（Essena O'Neill）宣布退出社交网络为例。表面看上去，奥尼尔拥有着网络名人所追求的一切：Istagram 名人形象、模特签约、商家合作。然而，2015 年，当时这位 18 岁的社交名人突然删除了自己的账号并且公开告诫人们，网络只是虚拟的名利场，它并不真实。

在删除 Instagram 照片之前，她在每一张照片下面配文，揭露照片拍摄背后的真相。许多照片都是商家赞助、几经修图的结果。其中一张照片拍摄了一百多张，只是为了挑选一张最性感的比基尼照。

奥尼尔在其中一张照片下面写道："我的青少年时期，大多数时间都沉迷于社交网络。为了吸引粉丝，我对自己体形的要求十分苛刻。我想我可能是病了，我需要帮助。"

此后，奥尼尔将自己的社交昵称改为"社交网络并不真实"，以此来提醒大家，我们的社会已经过度沉浸于社交媒体为我们粉饰的虚拟形象，那并不真实，更不健康。她承认过去所做的一切"只是为了获赞、吸引粉丝"，如今感受到前所未有的痛苦。

展现完美的一面始终是奥尼尔生活的重心。通过社交平台上的完美形象，她结交了很多好友。随之而来的是无穷的压力，她的"观众们"希望看到更多她到处旅游享受生活的照片，以及她日光下晒红皮肤和诱人的姿态。而她真实的一面只能隐藏于完美照片背后，因为相较于"最好的自己"，"充满诱惑的自己"更能迎合他人需求。

幸运的是，奥尼尔意识到了这个问题，但更多的是执迷不悟的人。事实上，《科学美国人》研究发现，社交媒体与科技发展的一个负面作用就是对人的精神健康产生不良影响。2014 年，圣地亚哥州立大学心理学家珍·M. 特温吉（Jean M. Twenge）在全美范围内，研究了大约 700 万名青少年和成人寻求心理咨询的数据，结果显示今天的青少年相较于 20 世纪 80 年代，其心理咨询数量高出一倍。虽然造成这一现象的因素有很多，但是我们不得不承认，社交媒体的发展确实在一定程度上伤害了青少年一代的心理健康。在表达自我与吸引粉丝之间寻求平衡是十足的难题。这并不是说社交媒体毫无优点，毕竟作为沟通的媒介，它是十分便利的。只是对于品牌来说，使用社交媒体时一定要多方面考虑。

学会倾听

想要真正走进 Z 世代心中，就要了解和理解他们所感受的压力。市场营销人员一定要将他们视作独立的个体，就像是利用碎片的图文在创设自己形象的工程师一样。每个人都不同，因而没有万全之策。

我们不能像从前一样，只顾表达自己的声音，而是要思考他们需要听些什么。我们应该与他们分享我们真实的想法，与之诚恳地对话，建立实际的联系。千万不可以"叫卖"，而是要潜移默化地渗透。试着证明我们理解他们的想法，尊重他们的喜好。让他们觉得自己被欣赏。

听上去很难实现吗？其实，这操作起来很简单，就从倾听开始。多花一些时间在推特和 Instagram 上浏览，去看看现在的孩子们都在谈论些什么，今天最热门的话题是什么，你的品牌如何能在讨论中占有一席之地。

到目前为止，你要做的就是放低姿态，沉浸在海量信息之中。很多品牌不愿意这样做，认为这是在自贬身份，但其实，更接地气才能更接近他们。传统的销售模式是利用广告循环播放加深人们对品牌的印象，这是商家的一厢情愿。而今天，Z 世代接触到更多的信息，因而对各种信息的真实度要求很高。这一代人从小置身于铺天盖地的广告推广之中，他们对夸张的宣传有着敏锐的嗅觉。

曾在 Wilde Agency 实习过的艾玛·莱恩（Emma Ryan）认为，商品宣传再不可延续传统的广播模式。她建议销售人员采取更直接的方式，告诉顾客你是谁，你卖的商品是什么，顾客为何要买你的东西。也就是，零欺骗。

在她的微博《Z 世代营销指南：积极主动 + 值得信赖》一文中，艾玛写道："直切主题更能赢得我们的尊重和信任。直接告诉我们：你卖的产品是什么，多少钱。说清楚我们为什么要买你的东西，它是不是能给我们的生活带来一些变化。告诉我们你想做成这笔买卖，直接说。"

拿出你的诚意，这样的品牌在 Z 世代看来能走得更远。不要自以为是，认为自己准备的一套长篇大论能够打动他们。

《谢弗营销法》(Schaefer Marketing Solution) 的作者马克·谢弗（Mark Schaefer）在他的博文中也说道："面对充斥着海量信息的市场，人们根本来不及认真听那些啰唆的宣传，我们要做的就是与众不同——脱颖而出。从顾客立场上思考问题的企业才能走到最后。"

你的产品推销如何迎合 Z 世代的"自我推销"

千禧一代偏好服饰上 logo 明显的品牌，比如拉夫·劳伦、CK 和阿贝克隆比·费奇，认为这是时髦的装扮。但是，随着 Z 世代的崛起，这一现象戛然而止。

像这样昔日经历过销售辉煌期的企业，如今却陷入业绩急剧下滑的处境。阿贝克隆比 2016 年度销售报告显示，过去三年，其销售额始终快速下滑。

Z 世代并不是不在乎牌子。事实上，辛辛苦苦挣来的钱买件大牌穿在身上也是令人激动的。毕竟，他们十分在意自己的公共形象。但是，不要忽视他们的需求。

穿着一件胸前印有"Hollister"的 T 恤不再像从前一样时髦了。这只是品牌自己的标识而已。你要做的是帮助他们进行"自我推销"。无论你的产品是什么，你都应该把协助、合作放在首要位置，赋予 Z 世代少年展现自我的力量。不需要把你的商标置于过于显眼的位置，要让他们自己的形象更夺目。

Z 世代不惧怕挑战。奥尼尔即使在自己形象一落千丈之际，也能做到良好的自我掌控，第一时间站出来解决问题。Z 世代也不怕吃苦，只要能够取得成绩，付出多少努力都愿意。

从这一点来看，Z 世代都希望成为自己的超级英雄，而不是某个品牌的牵线木偶。因此，不要限定他们的想象力，成功的品牌都是那些支持 Z 世代实现梦想的企业，无论这个梦想是大是小。

体现他们的价值

为了维护自己的形象，Z 世代只跟他们认为体现正确价值观导向的品牌结盟。任何有害的、愚昧的和剥削性质的事件都会瞬间引发声讨。而相反，正直和富有同情心的事件会广受好评。

案例分析

品牌：American Eagle（美洲鹰）。

现象：在零售业陷入寒冬之际，我们却看到了美洲鹰的成功营销。它是第一个站出来拥抱个性的品牌，同时摒弃刻板的商业宣传模式（例如将品牌 logo 印于胸前），而是针对不同的文化背景设计多种多样的模板。除了加入文化元素以外，这些模板在尺寸和形状上也有所不同。青少年穿这个牌子的衣服总会感到一种与众不同。这一理念完胜那些故步自封的服装品牌。

操作：该品牌最近发起了名为"我能"的营销战。这次推广的主题就是个性化、多样性以及自我表现。活动中，商家使用了很多标语激励青少年追求自我，例如"我可以爱任何人""我需要被倾听""我可以创造自己的未来""我无所畏惧"等。此外，营销活动还加入了 Z 世代喜爱的明星和社交明星，如海莉·斯坦菲尔德（Hailee Steinfeld）、瓦伦蒂娜·塞特诺维奇（Valentina Cytrynowicz）和睢晓雯。

在接受《快速公司》杂志采访时，首席营销官凯尔·安德鲁说："Z 世代不喜好评判别人，尤其是不喜欢给别人定性。他们并不在意你做什么、你喜欢什么或者你看上去如何。他们似乎只关注你的品牌是否体现了他们的价值观，如果是，那么他们愿意与你结盟。"

安德鲁的话对品牌营销有何启示呢？品牌不能只是批量生产，你要设定自己的亮点。

另一个潮牌 H&M 也是能够紧跟 Z 世代脚步，体现他们价值观的一个品牌。

案例分析

品牌：H&M。

现象：H&M 因其亲民的价格和时尚的设计，十分受千禧一代的追捧。针对 Z 世代倡导女性独立和自由意志的特征，H&M 品牌发起了"She's a Lady"的营销战。

操作：H&M 这一波广告主演打破传统"淑女"的定义，展现不同体形和文化背景的人在着装方面打破禁锢的自由。背景音乐启用 Lion Babe 组合，翻唱了 Tom Jones 在 1971 年发行的同名歌曲 *She's a Lady*。这样重新定义"女性主义"的形式吸引了很多 Z 世代消费者的关注。

效果：由于广告中传递的迎合 Z 世代思想特点的新女性主义，其在 YouTube 上的点击量高达 5700 万次，受到了广泛好评。

不仅如此，早在 2016 年的时候，H&M 广告中就启用了穆斯林女孩儿玛丽亚·伊德里西（Mariah Idrissi），一位摩纳哥与巴基斯坦的混血儿。广告中的她戴着头巾和墨镜。H&M 将这一波广告命名为"Close the Loop"（循环），短片中还出现了许多不同民族、不同性别的模特。

在接受 CNN 采访时，伊德里西激动地说："这么大的品牌能够赞赏我们的着装风格，理解女性穿衣不只是追求紧致，认可松垮也是一种美的理念。他们提供了更广泛的穿衣风格，这一切努力是值得尊重的。"

以透明度提升信任

对于一个品牌来说，向公众展示最真实的一面以此来赢得信任是十分冒险的事情，但是高风险也意味着高回报。商家不仅要在广告中体现产品的真实，同时还要随时准备好回复消费者的各种质疑。此外，品牌在决策和行动的环节上也要做到公开透明，从采购到销售，甚至是人员配置等。

Z世代绝不会喜欢没有诚信的企业，而且这种诚信必须是始终如一的。品牌要在理念和行动上保持一致，商品质量也要过硬，对于消费者五花八门的需求也能应对自如，同时还要紧随时尚潮流。这样才能赢得Z世代的青睐。

案例研究

品牌：耐克。

现象：耐克品牌的定位不限于某个年代的消费群体，但是能够赢得Z世代的追捧，主要源于品牌一直致力于自己的理念：每个人都是天生的运动员。因此，品牌给人传递的信号已经超出买卖商品的范畴，人们不仅被衣服和鞋子的舒适度所吸引，更重要的是运动的理念。更可贵的是，品牌向消费者传递的信息，能够让他们感受到运动与天赋和经验无关，人人都是运动达人。

操作：2016年，耐克推出了《不信极限》系列广告。广告主人公包括第一位进入美国国家队的的运动员克里斯·莫西尔（Chris Mosier）；第一位登上乞力马扎罗山顶的截肢者卡尔·梅娜德（Kyle Maynard）；86岁的铁人三项运动员，修女麦当娜·布德尔（Sister Madonna Buder）。这一波广告的重点在于展现每位运动者的独特品质，配以醒目的文字标题：无限的意志、无限的勇气、无限的奋斗、无限的追求。

效果：除广告中所展现的运动员品质外，耐克的运营也十分透明。耐克公布了内部员工结构，该数据显示企业全球雇员中女性占48%，多数员工来自不同的国家和民族。这一举动更加印证了耐克言出必行的企业信念。

品牌参与度

"今天，Z世代的品牌参与度是企业赖以生存的必要条件，就像20

多年前，设立官网一样重要。"

——维克托·德维特

与 Z 世代建立联系最直接的方式就是让他们成为品牌故事的一员。充分利用他们的奇思妙想帮助你提升产品设计，让他们为你的产品营销献计献策，贡献他们的智慧。用户体验式广告最为有效，92% 的人都更愿意相信广告中普通人对品牌的推荐，即使这个"普通人"是陌生人。如果你能将 Z 世代纳入你的广告之中，成为信赖的合作伙伴，那么你同时收获的则不止这些。

案例分析

品牌：Chubbies（男士短裤品牌）。

现象：男士短裤品牌 Chunbbies 一经推出，就因其传递强有力的品牌信号而赢得 Z 世代的广泛支持。该品牌由四位年轻人创办，在其他男装品牌追求严肃的大环境中独树一帜，传达一种自由表达自我和风趣的穿衣风格。

该品牌营销为何如此成功？创始人之一的汤姆·蒙特戈里（Tom Montgery）说："我们让顾客成为最好的合作伙伴。"他认为顾客在口口相传的品牌推广中功不可没，将这种营销模式称为"社群营销"。

操作：Chubbies 能够赢得 Z 世代推崇的原因是，在产品推广中，普通人进入大家的视野，人们不再避讳啤酒肚和爸爸肚。这不仅提高了顾客的品牌参与度，而且展现了更为真实的生活。蒙特戈里认为 Chubbies 与顾客之间的关系是互惠互利的："我们在迈出这一步时，注定了我们营销模式的有效性；我们需要为顾客提供一个展现的平台，正如他们也能给我们带来巨大收益一样。"

效果：这一营销模式的成功确实令人难以置信。各社交平台的数据显示，仅 2016 年 Chubbies 的视频点击量就超过了 3.5 亿人次，并且成为 2016 年夏季奥运会期间在线广告冠军。与此次运动会相当应景的是，广告团队推出了游泳广告，各种大腹便便的滑稽场面让人捧腹大笑。Chubbies取得成功的另一个原因是根据顾客反馈不断调整广告内容，迎合大众心理。

蒙特戈里给同行的建议是，对待自己的产品也要人性化，不能贴上一成不变的标签："人们只对新鲜的话题感兴趣，品牌应该保持鲜活。"

品牌激励（相互激励）

无论是让顾客感到吃惊、搞笑、悲伤甚至是扫兴，都没关系。市场推销人员要有引发消费者情绪的能力，顾客会一再光顾某个品牌，并不只是被广告内容吸引，更重要的是被引发了某种感受。

案例分析

品牌：Russell Athletic（罗素运动）。

现象：2015年，罗素运动再一次发起了纪念品牌诞生100周年的活动（创建于1902年）。这一次罗素运动主打亲情牌。与传统运动广告不同，此次商家的合作对象不是大牌运动明星，而是美国高中校队；同时，商家关注的也并非那些冠军队，而是与奖牌失之交臂的队伍。罗素运动在全美101所高中球队中选出6支，以叙事的形式讲述那些比赛背后的故事。通过这些故事，品牌向我们传达的是一种不屈不挠的精神。

操作：商家使用"超越分数"作为此次活动的标语。在短片中，人们看到的是比赛失利之后，教练如何带领球员们在训练中重拾信心，塑造坚毅的品格。

2016赛季前夕，活动方利用社区展板、条幅、标牌等宣传各支队伍新赛季宣言，还将队歌印在T恤衫上，以此来提醒每一位队员和球迷，将上个赛季的失利转化为此赛季拼搏的动力。此外，《胜利之光》（*Friday Night Light*）摄影师罗伯特·克拉克（Robert Clark）也被邀请到此次活动中来。克拉克镜头下所记录的球队失利后为重返赛场所做的努力令人感动。与此同时，以队员自身视角拍摄的内容也被剪辑到广告宣传之中。Vox 传媒旗下 SB Nation 也是此次活动的合作商之一，负责其中四个短片的拍摄。

罗素运动高级市场运营总监马特·墨菲（Matt Murphy）解释说："这种形式的推广活动更能吸引消费者的眼球。通过此次推广，人们不仅关注了品牌本身，也感受到美国人天生的运动精神，这是我们的民族财富。"

效果：负责此次活动的创意总监博克·瓦瑟尔曼（Berk Wasserman）认为该推广之所以引发关注的原因在于，人们惯于同情弱者，讲述那些平凡而富有运动精神的故事，能够引发消费者的真情实感。"球迷们和观众们愿意观看这样的短片，因为在镜头中，每个人都能找到自己的影子。"通过媒体的镜头、运动员的自拍和知名摄影师的参与，这次营销活动告诉所有人，即使是毁灭性的打击也能成为激励的源泉。

总结

从顾客到粉丝，从粉丝到合作伙伴，Z 世代是品牌故事最活跃的参与者。他们不只是消费者，更是值得信赖的智囊。Z 世代的成长经历就是帮助塑造品牌形象最好的资本。他们深谙此道，他们希望品牌能够发掘他们身上的潜力。

因此，如果你此刻还没有思路，那就邀请他们来帮你。虽然过早地让消费者参与营销看上去有些冒险，但是前期建立相互信任的关系也是必要的。如果 Z 世代首先表达了自己真实的一面，作为商家一定要诚信回馈。他们需要的是真实性，所以，与之为伴和他们一起成长。

虽然品牌形象塑造不易，但是值得努力尝试。Z 世代比你想象的懂得更多，所以没必要掩盖什么。商家要鼓励、支持他们，以他们喜欢的方式审视他们，效仿他们的搞笑方式。Z 世代的"自我品牌"就是要被理解、被接受，不喜欢买家与卖家的传统模式。他们更愿意与品牌对话，分享精心美化过的图片，喜欢与理解自己的人互动。他们用了很多年塑造自己的社交形象，也希望你能和他们一样塑造自己的品牌。

重点回顾

- □ Z 世代崇尚独特，但并不意味着他们不合群。他们希望得到认同，获得归属感。
- □ Z 世代比以往任何一代人都注重自己的形象。由于个人形象十分透明，今天的青少年非常在意自我呈现的方式。
- □ Z 世代认为成熟应该是一个曲折的觉醒过程。他们在很小的时候就会经历第一次觉醒，并在后续的人生中持续发酵。
- □ 无论你的产品是什么，你都应该把协助、合作放在首要位置，赋予 Z 世代少年展现自我的力量。成功只属于那些支持 Z 世代实现梦想的品牌。
- □ Z 世代只跟他们认为体现正确价值观导向的品牌结盟。任何有害的、愚昧的和剥削性质的事件都会瞬间引发声讨。而相反，正直和富有同情心的事件会广受好评。

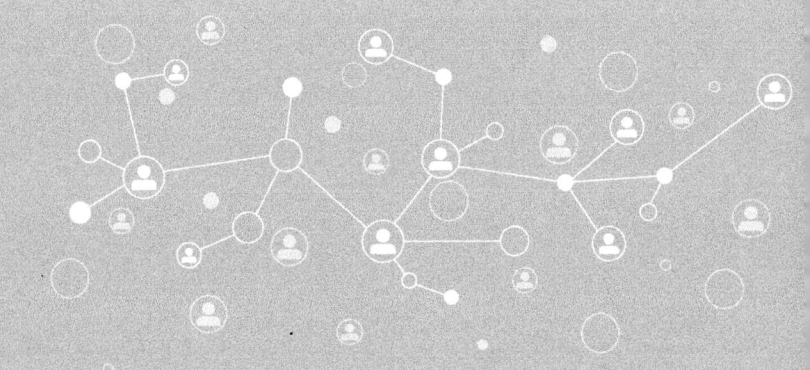

Z世代营销

第六章
实体店新势力

"如今的顾客不仅需要产品,更期待产品带来的用户体验。一旦品牌满足了这种需求,以何种方式和渠道进行购买就不那么重要了。"

——《赋权消费者的崛起》,Forrester调研公司,2016

(The Rise of the Empowered Customer,Forrester Research,2016)

到2020年,零售业顾客中Z世代占比将达到40%,占有绝对优势。但是,目前的问题是很多零售商还没有做好应对这一局面的准备。毕竟,他们将面对的是顾客需求和权利意识至上的一代人。

Forrester调研公司将"赋权消费者"定义为:追求全新的顾客体验,期待最先进的数字化设备,具备探索、评估和分享信息的能力,并且倾向于自主选择最优用户体验。

这听上去像不像是词典中的解释呢?事实上,这一代年轻的用户很难分辨现实世界和数字虚拟世界的界限,在他们眼中一切都在悄无声息中自由切换。他们对产品更新换代和个性化设计的需求正在颠覆传统的商业模式。他们在购物选择上受同辈评价影响,这也在很大程度上改变了顾客的购物模式。

Z 世代营销

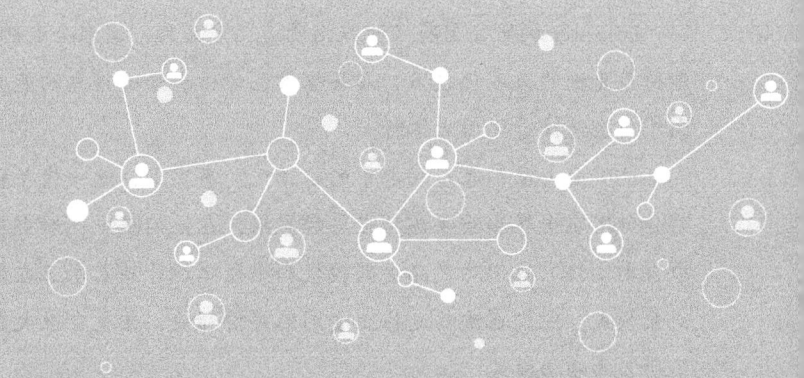

此外，这一代人在成长过程中深受亚马逊等在线购物平台的影响，消费行为也在发生巨大改变。其实亚马逊的营销模式是正确的：关注顾客需求，推陈出新，让购物体验简单轻松。这就是Z世代所追求的体验，并且不局限在亚马逊网站，我们称之为"亚马逊效应"。

对于传统零售商和品牌来说，满足Z世代消费需求是一项难度极高的挑战。我们该如何深入顾客心里，了解他们的思想，让他们愿意主动掏腰包呢？

在解决这些问题前，让我们先来分析一下Z世代的"财务能力"。

关于零用钱

虽然Z世代目前年龄还小，看上去玩世不恭，但是他们的影响力毫不逊色。其中一点就体现在对金钱的支配上。

Z世代可支配资金数额巨大。我们前文曾提到一项数据，Z世代来自父母或是打工攒下的零用钱总数高达440亿美元。如果考虑到对家庭支出的影响力，这一数字更是大得惊人。

然而，这并不是花钱如流水的一代人。恰恰相反，Z世代更为节俭，喜欢攒钱，比他们的前辈更懂得把钱用在刀刃上。和千禧一代一样，他们注重用户体验而非产品本身，并且拒绝入不敷出的生活。益博睿（Experian）的一项调查显示，Z世代的债务量不及婴儿潮一代的1/3。

当然了，这其中一个原因是他们目前所处的人生阶段并不需要大量借贷，但是这一代人大部分正处于大学阶段，各项支出数额也很大，他们也有很多理由让自己陷于债务之中。但是，Z世代并没有"倚小卖小"，而是选择更审慎的态度对待财务问题，合理支配花销。

美国Student Loan Hero（帮毕业生还款的网页工具）的数据显示，Z世代在资金支配上比前几代人更为睿智，主要表现在以下几个方面：

1. 少办信用卡，减低陷入债务的可能性；
2. 从一开始就拒绝入不敷出；

3. 让每一分钱都发挥最大作用；

4. 养成攒钱的好习惯；

5. 较早做职业规划和财务规划。

在 Z 世代的家长眼中这些都是令人欣慰的，但是对于商家来说，这无疑意味着压力。面对这样一个消费群体，确实令零售商们感到沮丧。然而，只要用心，也并不是毫无商机的。当 Z 世代看到商品价值以外的用户体验价值时，他们也会倾尽所有。事实上，他们每月的支出占收入的 50% 以上。

问题是，作为市场营销人员的我们，该如何让他们愿意为我们的产品和服务买单呢？

Z 世代的购物轨迹

我们人人都怀念传统的顾客消费轨迹。毕竟，那个时候顾客的购物行为几乎可以如商家预期的那样，按照销售漏斗：认知、询问、筛选、偏好、成交，一步一步地最终达成买卖行为。如果销售行为得当，顾客就会按照漏斗模式从上而下地进入某个品牌的考量阶段，通过销售团队的努力，最终成交，并且建立忠实的客户关系（见图 6-1）。

图 6-1 销售漏斗模式

但是今天，旧的销售模式不再适用。Z世代消费者能够接触大量信息，并且具备辨别信息的能力，不会轻易对品牌产生信任。市场营销面对前所未有的巨大挑战，所有策略都要以满足顾客需求为前提，以顾客"选择"为导向。

对于Z世代来说，购物轨迹不再始于海量广告，而是开启于社交媒体和朋友圈，并以手机为载体。在购物以前，上网查询信息是很有必要的，只有不到6%的购物咨询是在实体店完成的。

在第四章中，我们探讨过同辈对购买行为的影响是巨大的。2017年，一项全球消费者购物调查显示，44%的Z世代认为社交媒体是购买某一产品的主要动机来源。

惠誉国际（Fitch）认为Z世代在"看"与"买"两个环节之间还存在一个很大的空间，这在以往一代中从未出现过。惠誉国际策划总监米歇尔·芬斯蒂梅克（Michelle Fenstermaker）将这个空间称为"激励浏览"阶段，即查询相关信息，筛选有用信息，表明购买意向，寻求同辈支持（见图6-2）。

图6-2 "激励浏览"阶段

根据 2017 年 HRC 零售咨询公司的一项调查，超过半数的受访者表示他们在购物以前会通过社交媒体搜集建议，超过 40% 的人的最终决定取决于同伴的反馈信息。

除了"激励浏览"阶段，惠誉国际还给出了 Z 世代消费者在整个购物流程中所处的五个阶段。第一个阶段是通过大量信息确定购买目标，这些信息来源包括同伴建议、网站、社交名人、漫无目的的实体店闲逛以及随处可见的广告牌（见图 6-3）。

一旦确定了想要购买的东西，他们就进入第二个环节：上网搜索。他们多数情况下会使用谷歌查询信息。那么，他们搜寻的内容就应该成为商家关注的点。大多数广告推送方式都会在某种程度上给用户造成困扰，并且是以一种赌博心理来吸引顾客的。搜索引擎最优化和点击付费的广告形式是在用户搜索产品的同时进行信息推送。虽然这算不上是多高明的营销手段，但是却实用。营销者一定要记住，Z 世代在点击了三次付费广告之后，是否会立刻点击第四次是有条件的。他们倾向于信任自然搜索流量源（用户点击了自然搜索结果而产生的流量，不是点击了竞价排名结果而产生的流量），而不相信付费广告，因而搜索引擎最优化是十分关键的。

无论选择哪一种广告推送方式，一旦谷歌"承认"了你的品牌价值，并且 Z 世代点击了你的网站，从这一刻开始，是否能留得住顾客的脚步就要看品牌自己的策略了。根据 Content Square 用户互动数据追踪平台发布的名为《Z 世代：新的消费纪元》（*Generation Z: The Coming Shopping Age*）的电子书显示，对于其他一代来说，通常浏览第一页就已经可以确定要不要购买某一商品，但是超过半数的 Z 世代消费者会在网站上深入了解某一产品的信息。

鉴于这一特点和 Z 世代喜欢简洁内容的偏好，商家有大把的机会来阐述产品故事。

但是，他们对你的品牌故事感兴趣并不代表他们一定会第一时间购买产品。对于一定要把钱花在刀刃上的顾客来说，不停地搜集信息、对比产品优缺点，并最终下定决心购买的过程是一种享受（见图 6-3）。

```
确定购买    "激励浏览"
  目标        阶段      抉择期     成交       分享
   🔍  ——   👤  ——  ❓  ——  🛒  ——  💬  →
   关注        访问     消除疑虑    比价       完成
```

图 6-3　Z 世代购物的 5 个阶段

在访问网站之后，消费者开始进入第三个阶段：抉择期。无论你的产品故事多么吸引顾客，对 Z 世代来说，用户评价是不可越过的一个重要环节。商家在这一阶段会面临潜在的危机，为了更好地渡过这一劫，品牌可以考虑在线评价机制。消费者能够更容易地阅读评论（当然，偶尔对评论进行回复）。他们也会阅读或是浏览第三方网站和博客文章，如果商家能够第一时间在自己的网站上提供评论信息，满足 Z 世代消费者的需求，会赢得更多好感。

在获取信任感之后，产品交易即将实现。在这一阶段，他们要做的就是比价。一些促销手段，如赠送小礼品，可能会赢得消费者短暂的注意力，但是真正能够促成交易的还是价格。Z 世代消费者很喜欢在亚马逊、eBay 或者其他折扣力度很大的网站上购物。像安吉 13 岁的女儿一样，很多 Z 世代消费者会在社交平台上发布消息询问谁家有闲置的东西可以便宜出售，而且很认真地对待这样的交易。

最后，也是惠誉国际总结的新消费轨迹中最有趣的一个阶段，Z 世代从千禧一代身上学到的：分享。产品到手之后，他们会立刻拍图片或是小视频发到社交平台上与其他人分享自己的"成果"。但是这个阶段对商家来说也是危机重重的：如果他们对到手的东西并不满意，他们会毫不犹豫地退货。

男性和女性在分享内容上侧重点不同。代际动力学中心 2017 年的一项研究显示，Z 世代男性消费者更倾向于分享产品，如衣服、数字产品和科技；Z 世代女性消费者更倾向于分享经历，如与朋友外出吃饭、看电影或是听音乐会等（见图 6-4）。

图 6-4 消费分享的性别差异

商场购物

"(逛街)是非常享受的体验。这一代人需要这样的乐趣。"

——马克·马修斯 《Z世代：购物和时尚习惯》

(Mark Mathews *Generation Z: A Primer on Their Shopping and Fashion Habits*)

通过本书前几章的讨论，读者可能会认为 Z 世代的消费行为都是通过手机来完成的。其实不然，他们同样喜欢逛街，去实体店消费。

无论网络如何发展，商场和实体店在销售环节都占有举足轻重的地位。触摸、感受和试穿仍然是在线购物难以弥补的缺失。尽管社交平台上能够看到其他人的留言和建议，但是仍然无法比现实中好友陪伴更直接，而商家的物流速度也远远没有比实体店"穿上就走"更快（见图 6-5）。

虽然实体店购物也有很多需要应对的麻烦，比如排队和库存不足的问题，但是这些与触手可及的体验相比就算不上什么大事了。Z 世代很清楚这一点。根据 Retail Perceptions 2016 年的一项研究，青少年一代在购买食品、衣服鞋帽、健康和美妆类产品时，更愿意到实体店消费。其原因在于这类商品属于"先试后买"型，可以避免很多售后麻烦；但是，这并不是说试过之后就一定会买。Z 世代消费者除非亲

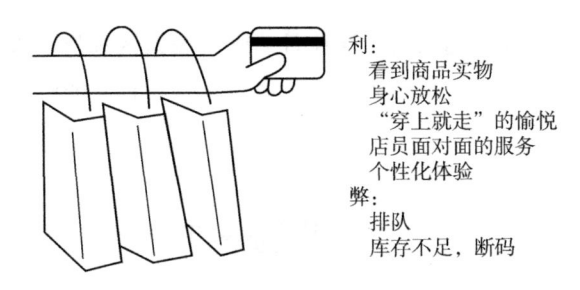

利：
　　看到商品实物
　　身心放松
　　"穿上就走"的愉悦
　　店员面对面的服务
　　个性化体验
弊：
　　排队
　　库存不足，断码

图 6-5　实体店购物利弊

眼所见某产品的功效，否则也不会立刻买单。如果没有专业人士的讲解和帮助，健康和美妆类产品会让人无从选择，实体店正好弥补了这一缺失。如果有专人面对面解释功用，那么在实体店花 30 美元买个洗面奶要比在网上买风险小很多。

那种即刻获得的快感、贴心的服务和不停转换店面的新鲜感是 Z 世代选择逛街的主要原因。HRC 的一项调查显示，72% 的 Z 世代受访者表示每个月至少会逛一次实体店。值得一提的是，他们逛街的时长通常在 1 小时左右。但是这 1 小时的时间大概要逛 5 个店，几乎不存在只逛不买的情况。他们并不是跟朋友们漫无目的地闲逛，而是很清楚自己要买什么。从前依赖客流量，认为顾客逛着逛着就会买一些东西的商店如今就没那么幸运了，因为 Z 世代目标明确，几乎不会额外购物。

2017 年，梅西百货公司（Macy's）、杰西潘尼（J.C.Penney），甚至广受青少年欢迎的服装品牌 Wet Seal 都遭遇了关闭门店的危机。很多专家将原因归于供需严重失衡，实体店过于密集。连 Urban Outfitters 品牌首席执行官理查德·海恩（Richard Hayne）都不得不承认，零售业市场已经过度饱和。

海恩说："20 世纪 90 年代到 21 世纪初，我们的零售业像楼市一样慢慢趋于饱和。成千上万的店铺遍布大街小巷，租金更是猛涨一番。零售业泡沫正在走向破灭。"

几乎没有哪座城市得以幸免。很多大型商场，甚至是整个商业中心都因不景气而关门大吉。连往日热闹的餐饮区和反季大甩卖都变得十分冷清。Z世代对这些全然不在乎，他们只看重能够吸引他们的有意义的体验。

案例分析

品牌：Urban Outfitters。

现象：Urban Outfitters全球创意总监乔安娜·伊恩（Joanna Ewing）透露，该时尚品牌正在进行大刀阔斧的改革行动，将传统商店打造为"娱乐式零售店"，即兼顾售卖与娱乐的新场所。

操作：位于纽约海诺德广场的Urban Outfitters生活馆面积达5300平方米，内部设有美发沙龙和咖啡厅。这样的生活馆遍布全美各个城市，通过举办派对和音乐会等大型活动来提升消费者的购物体验，打破传统的零售模式。

伊恩认为这样的改革将生活融入销售之中："我们下定决心进行改革，因为这些体验让消费者能够感受到生活中的乐趣。"

效果：当很多商家在绞尽脑汁地思考如何将更多的顾客由线上吸引到线下的时候，Urban Outfitters给Z世代消费者提供了他们所渴望的体验，并不断地进行新的尝试。尤其是目标客户以Z世代为主的品牌更要通过各种新鲜的手段来吸引他们，毕竟他们对同一事物的关注很短暂。

Urban Outfitters前创意总监史蒂芬·布莱尔斯（Stephen Briars）曾说："就像图书馆和咖啡店能够提升人们舒适感一样，娱乐式零售店的经营模式让顾客的购物愉悦度得以提升，成为枯燥生活的一种调剂。"

实体店购物：只关乎体验

如今的实体店只依靠完美的店面布局和陈列已经难以取胜，还要在售卖环节融入顾客所钟爱的科技元素。Z世代习惯于通过手机等电子设备在商家的 App 中下载优惠券或是进行在线结算以节省时间。还有一些不易察觉的实体店购物体验也是十分重要的，例如店里播放的音乐和热情又不失分寸感的服务，只要能够让顾客感受到身心愉悦和轻松的元素都是有益的。当然，免费的 WiFi 已经是最低要求了。

那么，什么才是热情又不失分寸的服务呢？实体店的服务人员应当"提供帮助"而不是给顾客"施加压力"，只需要"回答问题"，而不是不停地介绍商品。Z 世代自我意识强烈，购物过程中任何不平等的感受都会令他们立刻转身去别家商店。因此，轻松的购物环境是关键。

奢侈品百货公司尼曼（Neiman Marcus）正在尝试将科技融入每一个试衣间。尼曼利用 AR 技术在店内装上了 34 个虚拟试衣镜，消费者可以试穿多套衣服和首饰，自由选择样式（见图 6-6）。

图 6-6　虚拟试衣镜

通过将数字技术引入实体店经营中，品牌会带给顾客最优化的体验，商品必然能够赢得消费者的喜爱。

案例分析

品牌：苹果。

现象：苹果是实体店体验中融合数字技术方面的佼佼者。

操作：苹果店为用户提供最先进的数字体验。顾客在购买苹果的任何电子设备之前，都可以在店里实际操作感受手机或是其他电子产品的流畅度。一些消费者光顾苹果店并没有购机的打算，纯粹是为了体验这种乐趣。顾客也可以在线搜索想要购买的商品、支付、下单，直接寄到家里，十分便捷。另一个值得一提的是苹果 ID 的设置，注册一个 ID，用户就可以使用苹果的任何设备登录苹果商店，下载使用小程序、参与在线谈论、使用云服务等。苹果的各种电子产品之间都存在关联性，这也是用户购买一件苹果产品（如手机）后，会继续购买其他产品（如 iPad）的原因，为的就是充分享受苹果的各种功能。

效果：电子产品领域，苹果已经遥遥领先。它的产品操作简单，无论线上线下，甚至是在其他平台上用户都能享受到优质的服务。

欧几里德分析公司（Euclid Analytics）首席执行官布伦特·弗朗森（Brent Franson）称赞这样的销售模式："顾客只需要一个苹果 ID，就能够得到一系列的服务，既可以享受线上平台的便利，也能体验实体店的面对面服务。"

在线购物：高效便捷，"Z 世代眼中的科技是操作起来简单且高效的，他们期待各种新鲜的体验"。

——史蒂夫·劳克林

IBM 与 NRF 联合新闻稿

《尽管处于数字时代，98% 的 Z 世代也进行实体店消费》

实体店排队和断货问题是 Z 世代选择网购的两个主要原因。尽管仍有很大比例的 Z 世代青少年选择实体店购物，但是随着科技提升网购的速度和便捷度，网购越来越具有吸引力。毕竟，这一代人成长于后亚马逊时代，数字科技深入骨髓，滑动触屏的速度远胜于实体店挑选的速度。

不仅Z世代消费者如此，各个年龄段的人都尝到了网购的甜头，尤其遇上类似黑色星期五的各种打折活动；只需要一部手机，消费者就可以进行筛选、支付、使用打折券等购物行为，这远比到商场排队要舒服得多。当然，唯一的缺点是，购买的商品需要几天的物流时间。

然而，在线购物能够吸引消费者也是有条件的，必须满足一些期待。在"独一无二的Z世代"调查中，超过半数的受访者表示，关于网购他们最在意的一个因素就是"快"，60%的人拒绝使用导航烦琐且图片加载速度慢的网站或App。

换言之，只有网站或是App建设合理，才能留住顾客。根据内容广场（Content Square）用户互动数据追踪平台报道，Z世代在线跳转频率是其他年龄段消费者的两倍。因此，要记住"你只有一次机会给别人留下第一印象"，一定要确保顾客的第一次网购经历是愉悦且印象深刻的。简化登录方式，网站导航简单明确，让顾客能够快速筛选出心仪的商品。如果做不到这些，输给你的同行只需几秒的时间。

内容广场创始人兼CEO乔纳森·切尔基（Jonathan Cherki）指出："用户体验是商家需要提供的一种新服务。从前的'一码通吃'的服务已不再适用。未来，个性化的用户体验将是品牌的新力量。"从网站首页所包含的内容（例如颜色主题和图片）到结算页面，用户经历的一切都构成了品牌印象。

对速度的需求

除了用户体验之外，另一个对销售起积极作用的关键因素是速度。

这一代人对所有事情都有一个共同的标准，就是"快"。这也是很多人仍然喜欢去实体店买东西的原因，因为即买即得。如果在线下单的商品物流显示不明确，或是三五天都不能到货，他们会毫不犹豫地取消订单。

如果商品可以额外付运费加急处理的话，他们也会欣然接受。

Temando 的一项调查显示，61% 的受访者表示如果商家能当天发货当天到达的话，即使多付运费也是值得的；另外，58% 的人表示可以接受更高运费的"一小时速达"。一个小时的速度确实令人惊讶！但是，不要忘了，"没耐心"是一个可以用来形容这一代人的词。

反过来说，这一代人又是以价值为导向的，过高的运费也会吓跑他们；他们会在"便捷"与"高价"之间平衡取舍。Temando 这项调查中的另一组数据显示，超过半数的 Z 世代消费者承认，如果运费高得离谱，他们也会选择放弃购物车中的商品，哪怕筛选这些商品耗费了他们的精力和时间。

商家应当给顾客提供自由选择物流的权利，并且信守承诺。或者，商家可以用一些促销手段，例如免邮费或是满额包邮。但是，速度始终是 Z 世代关注的重点，一定要尽可能快地满足他们的期待。

社交平台购物链接

从营销方式和效果来看，社交平台上的购物链接无论对消费者还是商家来说都是很好的"买卖"形式。在这一形式出现以前，如果你在大街上看见有人穿了一件 T 恤，刚好是你喜欢的类型，你能做的就是在谷歌上用描述性的语言寻找类似商品，例如"正面印有飞鸟的 T 恤"。

社交网络发达的今天就不一样了，Z 世代青年在 YouTube 上看视频的同时，就可以点击旁边的"立刻购买"按键，直接进入在线购物界面。

举例来说，Facebook 最早将电商引入自己的平台进行商品销售，并且做得十分自然；Polyvore 为用户提供在线服饰搭配和推荐；Pinterest 社交分享网站则赋权商家为自己的产品贴标签、展示价格，甚至连库存都可以在线查询；Venmo 移动支付软件通过分析用户消费习惯向消费者推送可能会购买的商品链接。建立社交购物链接的关键是营造一种舒适的购物体验。在社交平台上强行插入品牌官网链接，或是在 Instagram 品牌官方账号一旁插入"立刻购买"的按钮，这些并不是真正有效的销售手段；要让消费者在使用社交软件时，自然地浏览到你的商品，引起他们的兴趣，点击跳转页面，在线购买。

总结

Z世代消费者正在改变着消费规则。他们仍然会选择商场和实体店购物，但是会以自己的方式进行消费。这一代人虽然年轻，但是想要他们主动掏腰包，商家需要同时提供满意的线上和线下购物体验，并且将二者完美结合。Z世代消费者要求高效、快速和自由选择的权利，当然，贴心的服务也是不可或缺的。无论线上还是线下，这些要求都是一样的。

对于实体店实力雄厚的品牌来说，通过店面有创意的装潢（例如虚拟试衣镜），能够赢得Z世代消费者的青睐；但是这并不意味着小品牌就没有出路，提升购物体验是适用于所有商家的法宝。提升购物体验的目的并不只是给顾客留下深刻的印象，而是吸引他们与品牌产生互动。此外，在营造高效、便捷和舒适的购物体验之前，一定要思考自身品牌在服务上的优势和劣势。我们提到的WiFi、App和社交平台购物链接可以作为一种营销手段。除了这些，你的品牌还有哪些优势？网络宣传是否到位，顾客能否轻松地在线查询到你的品牌信息？如何第一时间满足他们的需求并且加快更新换代速度？

Z世代从未抛弃过实体店购物，他们认为商场可以提供更直接的购物体验。他们也很清楚商家的"销售漏斗"模式，但是只要商品质量过硬，服务到位，他们并不在意你采用什么营销手段。所以，满足他们的需求是最重要的。

重点回顾

☐ **Z世代消费者在真正购买商品之前会经历一个"激励浏览"阶段。**在这个阶段，他们会查询相关信息，筛选有用信息，表明购买意向，寻求同辈支持。

☐ Z世代消费者在购买食品、衣服鞋帽、健康和美妆类产品时，更愿意到实体店消费。除非亲眼所见某产品的功效，否则他们不会立刻买单。

☐ 只有在线购物满足了一定条件，Z世代消费者才会买单。高效和便捷是必要条件。

☐ 从营销方式和效果来看，社交平台上的购物链接无论对消费者还是商家来说都是很好的"买卖"形式。其关键在于，营造一种舒适的购物体验，让交易自然产生。

☐ 只要商品质量过硬，服务到位，Z世代消费者并不在意你采用什么营销手段。满足他们的需求是最重要的。

Z世代营销

第七章
品牌火热、创意很酷

"品牌形象对商家来说就像人的名声一样重要。每个人都是竭尽全力想要赢得一个好名声的。"

——杰夫·贝佐斯《口碑的力量》

Z世代最在意的是自己的感受,他们总是期待成为焦点,希望商家的产品和服务能够迎合他们个性化的需求。也就是说,商家只有以独特和有意义的方式为消费者提供个性化的订制服务,才能赢得他们的青睐。

其实,很多品牌都在做这样的尝试。根据2017美国运通公司(American Express)和Forrester联合发起的"撬动杠杆:Z世代需求如何重塑品牌体验"(Raising the Bar: How Generation Z Expectations Are Reshaping Brand Experience)调查显示,Z世代消费者对绝大多数品牌所提供的服务都不太满意。这份报告给广大的商家敲响了警钟:一定要迅速调整策略,以适应"新消费主义与赋权消费影响塑造的新格局"。

Z 世代营销

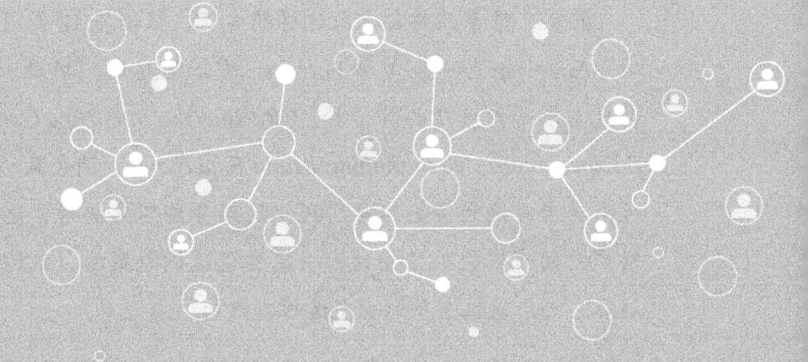

Z世代希望商家提供的商品和服务都是独一无二的。他们欣赏那些打破传统销售模式的品牌。如果两个品牌在销售中使用了不同的策略，他们会对赢家更感兴趣。正如对待他们的前辈千禧一代一样，引发他们共鸣的诀窍只有一个：证明品牌的价值取向。

品牌故事

很多大品牌都能认识到今天的消费者很看重品牌的价值取向，并且要看到实际行动；因此，许多商家会和消费者一起创造品牌故事展现价值取向。价值取向并不是建立在简单的几句口号或是看似聪明的营销策略之上的，而是让大家看到你做了什么。比如，你的品牌是否积极投身公益？在其中贡献了多大的力量？是否与年轻人的核心理念相吻合？

其实，Z世代消费者要看的不仅是你做了什么，还要看你为何要这样做。

就拿宝洁和联合利华来说，每次发起的营销战役都秉承企业一贯的价值取向，即"两性平等"的价值观。"Like A Girl"是宝洁公司著名的营销战役。作为一家生产女性用品的企业，这样一场营销战役将自己的品牌价值取向完全展露在消费者面前，无疑会赢得广大女性的支持。无论是少女还是熟女都会被打动，成为品牌忠实的粉丝。宝洁的成功之处在于看到了女性的力量，不仅如此，还将这种魅力聚焦在闪光灯下加以渲染。

另一个与之类似的品牌，联合利华，也是始终如一地坚持自己的品牌价值取向。通过"联合利华创想＋项目"（Unilever Foundry），建立创新者合作平台，旨在打造可持续的生活场所。该项目在全球范围内招募有创新思维的创业者共同开发技术，一起成长。

安永会计师事务所（Ernst & Young）全球品牌和外部沟通执行总监John Rudaizky认为："品牌价值体现的过程并不是你说了什么，而是你做了什么；从长远来看，这是企业蜕变的必由之路，即打破传统的'售卖'模式。"

这个时代的消费者需求极高，而又难以取信，品牌更要付诸行动表明自己的立场，与之建立某种情感联系。正如前文所提到的，情感上的信任是打开 Z 世代消费者心门的一把钥匙。

Cassandra 高层梅兰妮·什弗勒（Melanie Shreffler）在接受《市场驱动》采访时表示："一对一的个性服务带来的信任是年轻人在购物时十分看重的。他们希望自己所购买和钟爱的品牌不仅把自己当作客户，更作为独一无二的伙伴一样看待。"

听上去很简单的要求，其实做起来是相当有难度的，因为"独一无二"的定义对每个人来说标准都不同。这意味着在与顾客接触的过程中，要始终保持个性化的服务，商品质量过硬，服务品质更不能掉线。但是，品牌的努力并不能止步于此，还有一个更为重要的难题需要攻克：让消费者忠于你的品牌。

顾客流失

"我认为并不是顾客对品牌失去了忠诚，而是品牌放弃了努力。"

——康纳·布莱克利

前面几代人对品牌的忠诚度都是极高的，品牌取胜的法宝无非质量、价格和一致性。而今天，Z 世代消费者只忠于能够证明品牌价值取向的商家。

顾客忠诚度的下降并非这一代人不具备忠诚的品质，而是品牌所做的努力还不足以维持消费者对自己产品和服务的追随。很多品牌连 Z 世代最起码的一些基本要求都没有达到，又怎能要求他们对品牌的信赖始终如一呢？

别忘了，他们还很年轻！就算是品牌很努力地保证产品和服务质量，这一代人的关注点也会时常发生变化，更何况很多企业并没有竭尽所能，那么数据当然不能令人满意。

针对 Z 世代消费者是否只选择一家店消费的情况，埃森哲

（Accenture）2017调查显示：

◆ 服饰占16%（千禧一代为26%）；
◆ 保健和美容项目占19%（千禧一代为34%）；
◆ 日用品占38%（千禧一代为55%）。

Retail Perception对Z世代消费者忠诚度进行了深度分析：
◆ 81%的消费者会将目光转向质量更好的相似品牌；
◆ 79%的消费者表示他们更看重质量，而不是"名牌"；
◆ 72%的消费者承认会在类似商品中选择价格更低的。

如果将数据交叉来看，Z世代购物的核心原则就是选择性价比最高的。

因此，留住Z世代顾客需要解决以下两个问题。

问题一：价格和质量需求。做到价格与质量折中确实不易。高价低质必然引发消费者的不满甚至愤怒，而高质低价又很难令人信服，需要大量用户反馈带来的良好口碑。

问题二：支持他们的理念。品牌必须满足消费者对自己的个性定位，并且保持与他们一致的价值主张。这就意味着产品要符合潮流、迎合Z世代的理念、为他们的生活带来便利，让他们的世界变得更美好。如今，最有效的做法就是提供娱乐性或是信息量大的内容。一旦他们感兴趣，就会继续挖掘你的产品信息，购买的可能性极大。

解决好这两个问题对商家和消费者来说是双赢，能够让消费者对品牌更加信任。虽然这需要商家做大量的努力，但是结果会带来惊喜。接下来，我们一起来研究一些成功案例，看看他们是如何赢得Z世代消费者信赖的。

十大畅销品牌

如今Z世代最喜爱的要数耐克（Nike）、苹果（Apple）、塔吉特（Target）和奈飞（Netflix）等品牌了。这些品牌能够赢得他们的信任，原因很简单：专注于自己的产品和服务的质量，勇于打破传统营销策略的束缚，并且付诸实际行动。下面我们具体分析十个最受欢迎的品牌（排名不分先后）。通过这些简要说明，我们就能知晓Z世代消费者为何钟爱这些品牌了。

耐克（Nike）

耐克作为全球知名运动品牌虽然已经有50多年的历史了，但是不断创新使得它能够跟上年轻人的脚步，备受他们喜爱。对于Z世代来说，多样性、包容性和订制服务是该品牌取胜的三大法宝。

品牌价值取向

2017年，耐克推出了一款专为穆斯林女性运动员设计的"Pro Hijab"头巾。虽然头巾代表的是传统观念，但是对高举"两性平等"旗帜的Z世代来说是巨大的支持。耐克保持着自己一贯的价值取向。

Z世代市场营销大咖Ziad Ahmed曾表示，虽然传统品牌在迎合年轻消费者时总会略显尴尬，但是耐克成功地避免了这样的问题。当提到"Pro Hijab"头巾时，Ahmed说："我非常欣赏耐克在展现品牌包容性上所付出的努力。"

Ahmed建议品牌在展现多样性和包容性时"要自然，要本土化，不要形式化"。

耐克推出了名为"平等"的系列广告，将运动场上的平等与尊重迁移到生活之中，旨在激发人们在日常生活中将理念付诸行动。正是因为品牌在发展过程中秉承了一贯的理念，该广告系列无疑再次赚足了大家的信任（见图7-1）。

短片由耐克旗下不同领域的运动明星共同出演，包括勒布朗·詹姆斯（LeBron James）、塞雷娜·威廉姆斯（Serena Williams）、加布丽埃勒·道格拉斯（Gabby Douglas）等人，用他们的声音来传递正能量。背景音乐选用艾丽西亚·凯斯（Alicia Keys）的单曲，歌词以"若人人平等于此，则人人平等于世"结尾。

平等无界限

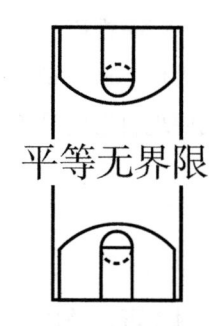

图 7-1 耐克"平等无界限"广告

品牌附加优势

Nike iD 是耐克推出的运动鞋专属定制，消费者可以根据自己的喜好订制一款专属自己的鞋子。我们在前面几章中反复强调"个性"对这一代人的重要性。所以，Nike iD 完全满足了他们对于个性化商品的渴求，反响强烈。对他们来说，耐克不仅意味着舒适，也意味着时尚。

Grant（14 岁）说："我最近在耐克官网上自己设计了一款运动鞋，很快就会寄到我手上。我喜欢收集各种款式的运动鞋。"

与消费者建立关联

耐克擅长用 Z 世代喜爱的方式搭建与消费者之间的桥梁。搭建策略围绕着三个要点展开。

首先，耐克突破了传统的售卖行为。品牌传递的信息集中在如何创造更加舒适的生活方式。例如，冲浪运动员的宣传图片或视频焦点在运动本身，而不是运动员所穿的衣服和鞋子；即使耐克的商标无处不在，但主角仍然是运动员。耐克十分推崇激励人心的品牌故事。

其次，耐克为每一种体育项目创设了不同的面具人格。与 Z 世代为自己刻画出许多个面一样，耐克也认为足球运动员与篮球运动员所展现的特征必然不同。耐克广告所启用的形象、语言和背景都体现了这一观点。

最后，耐克是如何兼顾了产品推广与广告内容的融合呢？这其中起关键作用的就是品牌形象大使。通过邀请运动明星和新秀，耐克以一种"无声胜有声"的方式展现自己的品牌故事。其过程并非喋喋不休地倾吐，更多的是聆听。

露露乐蒙（Lululemon）

在运动休闲服饰方面，耐克可谓是成功占领Z世代消费市场的典范，可与之媲美的当属露露乐蒙，高端运动服装零售商。它的成功之处在于"流汗"与"流行"并行的设计理念。

品牌价值取向

露露乐蒙不仅制造高品质的运动服装，同时也积极提升自己的品牌影响力。该品牌共有1600多位代言人，其中包括运动员、训练员、瑜伽老师和其他带有励志色彩的人，借此宣传自己的品牌定位。

露露乐蒙代言人蒂龙·贝弗利（Tyrone Beverly）说："传统品牌代言人通常是高出镜率的明星，露露乐蒙并没有沿袭这种做法，它支持我们自己去开展具有社会影响力的公益事业。"它的目标是通过制造社会影响建立与消费者之间的联系。

品牌附加优势

Maddie.S（17岁）说："我是个喜欢参加各种活动的人，我很喜欢这个牌子。"她补充道："我经常外出参加各个学校组织的活动，因此我总是穿露露乐蒙的衣服。这个牌子很时尚，质量也很好。衣服上有一道荧光条，晚上可以反光，提高了夜间跑步的安全性。它传递了一个信号，就是你可以在任何时候外出，所以不要再为自己偷懒找借口了。我觉得这个理念特别赞。"

孩子们对露露乐蒙的喜爱也说明：如果品牌能够给他们带来额外

的收获，价格高一些也是可以接受的。它旗下的 Ivivva 主要针对 14 岁以下的孩子，价格也更便宜（一条运动裤在 60 美元左右），但是没有露露乐蒙销量高。

与消费者建立关联

运动休闲服饰销量相较于其他风格服饰有着天然的优势。但是露露乐蒙并没有因为赢在起跑线上有所怠慢，而是靠着自己良好的口碑成为销售市场上的佼佼者。露露乐蒙采取的是更为实用的社区化营销策略，与传统的广告形式截然不同。例如，露露乐蒙在许多零售店面规划出娱乐健身区供顾客使用，此外还在社区公园里组织免费的周末瑜伽课（见图 7-2）。

在顾客眼中，露露乐蒙不仅仅是在售卖瑜伽裤，更是在宣扬一种健康的生活方式，营造更为舒适的社区环境。

图 7-2　露露乐蒙室内瑜伽课

塔吉特（Target）

成立于 20 世纪 60 年代的塔吉特公司使用了"塔吉特"这一古法语词，给人一种时髦的感觉，有时候人们会故意搞怪它的发音。作为美国知名的品牌，塔吉特在其官网 Target.com 上对外设定的企业目标是"为消费者提供乐趣横生、简单方便的购物体验"。

然而，这并不是塔吉特不断发展壮大的唯一原因——价格亲民，积极参与公益活动，才是它能够跟上 Z 世代消费步伐的主要原因。

品牌价值取向

塔吉特一直以来都秉承"回馈社会，造福于民"的企业宗旨。2015 年，公司宣布完成了在美国和世界范围内筹集 10 亿美元教育金的目标。

为了践行"多样性与包容性"的核心理念，塔吉特雇员很多是来自不同民族、拥有不同肤色的人，其供货商中也有很多是少数族裔建立的自有公司。不仅如此，所有员工晋升的机会平等，都能在"塔吉特团队中"得到锻炼的机会。

品牌附加优势

对顾客来说，塔吉特不仅是商品齐全的商场，你在这里购买衣服、家装产品以及享受娱乐设施都是独一无二的体验。这里惬意的购物环境会让顾客备感亲切；此外，在线支付或是现金交易可以享受一定的优惠。对关注品质和体验的 Z 世代来说，在入口处能喝上一杯星巴克更是完美。

Maddie（19 岁）说："我在这里感受到了生活的方方面面。来这儿逛一会儿就能为我驱散一天的阴霾。"

与消费者建立关联

还记得一夜爆红的"塔吉特帅小伙 Alex"吗？专注于替客人结账的表情（见图 7-3）被人拍照上传到社交网络不到 24 小时，Alex 就从一个普通的超市收银员摇身登上 CNN 播报榜首！这可能是孩子们第一次爱上塔吉特。

图 7-3　推特上贴出的塔吉特帅小伙 Alex

Z 世代被吸引的主要原因是塔吉特为迎合他们口味而做的持续不断的努力。塔吉特会根据不同社交平台的特点发布相关内容。例如，在 Instagram 上，塔吉特分享时尚且催人奋进的产品，引领一种时髦的生活方式；而在 Snapchat 上，塔吉特充分发挥地理优势，展现不同城市实体店举办的节日活动，吸引流量。

塔吉特发布了专为 Z 世代设计的 Art Class 服装系列。为了这次设计，塔吉特团队做了大量功课，研究 Z 世代甚至他们父母的喜好，最终锁定目标。虽然价格对他们的父母来说是首要考虑的因素，但是这根本抵挡不住一整套彰显个性的服饰对孩子们的诱惑，塔吉特深谙其道。

苹果（Apple）

这是我们不得不提及的一个品牌。对于那些似乎快要与世隔绝的人来说，苹果是一款兼容了电脑和音乐播放器的智能手机，对 Z 世代来说更是彰显独特性的必备品。从产品包装到广告宣传，苹果都做到了极简，给用户自主选择和体验的空间。

品牌价值取向

苹果首席执行官蒂姆·库克曾公开承认自己是一名同性恋者，而苹果成为第一个启用同性恋者担任如此高职位的公司，以这样独特的方式传递着"自由"的理念。库克眼中的苹果："热爱创造与创新，懂得接纳差异性才是品牌发展的要义。"

有趣的是，很多 Z 世代消费者一方面钟爱苹果的产品，另一方面又为它的垄断地位担忧。毕竟，苹果已经发展成为全球最大的品牌之一，无论是高品质的产品还是环保型的设计理念，以及前卫的企业定位，对于世界的影响力都是毋庸置疑的。

品牌附加优势

在我们的调查中，很多受访者都表示苹果的产品不仅外形时尚，操作起来也更为便捷，能够满足日常需求。用他们的话来说"我的生活基本上是由苹果支配的"。

Aggie 总是被孩子们抱怨跟不上科技发展的脚步，直到她把自己的安卓手机换成苹果，笔记本电脑换成 MacBook，孩子们才安静下来。他们根本无法忍受没有苹果设备的生活。

这就是 Z 世代也被称为"i 一代"的原因，一个小小的字母"i"承载着人们对苹果的极大认可。如今，人们已经习惯了苹果带来的各种便利，无论是与朋友之间的互动、分享照片和音乐，还是阅读新闻或看视频，都已无法离开苹果。Z 世代成为苹果最大的受益者，他们享受到了前所未有的感官体验。

其实，iPod 和它的后续系列产品不仅仅是赢在了产品质量上，还有独特的设计。可以说，乔布斯开创了一种新的生活，人们对电子设备的期待无论从设计还是功能上都得到了极大的满足。

与消费者建立关联

有趣的是，苹果并没有按照常规的营销方式来推广产品。你根本看不到价格战，没有促销和优惠政策；广告也是极其简单，不展示产品的任何细节。

它以用户体验作为切入点，利用现代营销方式，以网络和电视为媒介以及广告植入等方式向人们展现科技带来的惬意，用户体验得到极大满足。苹果的广告从来都不是罗列产品特点或是吹嘘电池续航时长，而是营造神秘感。消费者看到的是一款款不断变化升级的产品，从产品发布引发消费者期待到售卖阶段消费者期待被满足，苹果的焦点在于产品对用户生活的影响力，而不仅仅是产品本身的功能。

奈飞（Netflix）

奈飞以在线订阅模式开展的电影 DVD 租赁业务风生水起、惹人注目，颠覆了 Z 世代对娱乐的认识，而这一切都源于其敏锐的市场嗅觉。

品牌价值取向

如今，很多品牌都已加入公益事业的浪潮之中，成立基金会和募捐成为最常见的慈善活动。但是奈飞另辟蹊径，从内部做起，关注员工福利。

在别的公司员工还在拼命以加班保工作的时候，奈飞员工已经开始享受着弹性工作时间和无限期的休假福利。2015 年，公司宣布带薪产假（男性陪产假）延长至一年，那些初为父母的员工可以不再担心收入问题。

一切美好都应该从内而外，奈飞深谙此道。让员工感受到被关怀，理解与欣赏是企业长久发展的关键因素之一。

品牌附加优势

当媒体还在以电视剧和娱乐节目收视率作为评价标准的时候，奈飞已经成功地为观众们开辟了一种新的观影（或电视剧以及娱乐节目）体验，即在线观看的新模式，如 Hulu、HBO GO 等平台。如果说千禧一代是向无线过渡的一代，那么 Z 世代可以说完全进入无线时代。

对 Z 世代来说，奈飞就是无限畅影的代名词，并且衍生了"奈飞一下"的动词含义（就像"百度一下"）。

与消费者建立关联

此外，奈飞会根据用户在线反馈及时修正一些瑕疵。用户每次打开 App 都会收到基于以往观影历史推荐的新片。通过这样的操作，可以平衡热门与冷门节目，大大降低了网站流式传输成本，是一举两得的策略。

此外，依托强大的网络资源，奈飞满足了观众全天候的观看需求，人们的对话也从"很可惜没看上！"变成"没事儿，网上看呗！"。

星巴克（Starbucks）

星巴克是如何与 Z 世代少年产生共鸣的呢？尤其是在很多人并不那么热衷于喝咖啡的前提下。

答案很简单：除了免费 WiFi 的标配以外，享受一下星巴克的独角兽星冰乐和棉花糖星冰乐的私房菜单绝对能够让年轻人兴奋起来。

品牌价值取向

很多大品牌雇员数量都很庞大，薪资支出是企业一项庞大的费用，而星巴克也不例外，只是它更好地解决了这一问题。

通过支付长达四年的亚利桑那州立大学在线课程费用，星巴克员工能够享受到终身学习的福利。同时，星巴克还聘请了专业健康顾问为员工提供私人健康服务。

除此之外，雇用弱势群体也是星巴克长期坚持的一项事业，而这一点在 Z 世代眼中无疑是非常重要的企业价值导向。它公布到 2022 年，将会雇用高达 10 000 名难民，到 2025 年，退役军人雇员数量达到 25 000 名。

品牌附加优势

在私人订制方面，星巴克可以说是做到了极致。丰富的菜单和上千种配品搭配方式，很难让人感到厌烦。从标配咖啡、特调咖啡、各种茶饮到星冰乐，总有一款适合你。星巴克还会按季度推出基于经典咖啡的各种饮品，无论是口味还是颜色，都给顾客以不间断的新鲜感。而这种新鲜感并不会转瞬即逝，因为除了口味和颜色变换，其味道绝对能让人竖起大拇指。

无论你住在哪儿，总是能在附近找到一家星巴克店。当然，在线点餐绝对是必不可少的一项业务，还要以快取胜。如果你不想买完就小心翼翼地举着咖啡杯到处走的话，坐下来享受一下免费的 WiFi，与朋友悠哉地闲聊也是不错的选择。如今，星巴克已经成为年轻人闲来无事休闲放松的地方，在这里你能够享受便捷和舒适的环境。"星巴克"已经不仅仅是一个品牌的名字，它已经成为"咖啡"的代名词，"我去买杯星巴克"的言外之意就是"我去买杯咖啡"。

与消费者建立关联

在社交平台上，星巴克与年轻人的互动也是恰到好处。其 Instagram 账号粉丝数量高达 1400 多万个，他们经常晒自己与朋友聚会的照片，而星巴克咖啡的"出镜率"极高。与推特合作的"推送咖啡（Tweet-a-Coffee）"服务更是受到广大年轻人的喜爱，在社交媒体上成功地被推广。

还有一个备受大家关注的问题，就是星巴克经常拼错顾客的姓名。其实，这也是品牌扩大影响的一个手段。很多人在收到拼错自己姓名的咖啡后，会上传到社交平台与朋友分享这个特殊"待遇"。这样故意而为之的"误会"却圈粉无数（见图 7-4）。

图 7-4　星巴克将客人的名字故意拼错

星巴克在售卖上也会有一些传统的促销方式，例如提供免费的音乐下载服务。顾客享受服务的前提是使用星巴克 App 扫描前台的条形码结算账单。人们在这里消费已经习惯了用手机直接支付，很难看到人们掏钱包的场景了。

奇波特雷墨西哥烧烤（Chipotle）

一般情况下，人们很难看到不排队的墨西哥风味快餐店，奇波特雷却是个例外。不过，千万不要被这种假象所蒙蔽，由于配餐模式的不同，顾客只有走到跟前才会发现自己其实已经在"队伍"中等候了。个性化的配菜和高效的服务以及亲民的价格，都是奇波特雷赢得Z世代喜爱的原因，成为他们眼中的"良心食品"。

品牌价值取向

奇波特雷提出的口号是"良心食品"（Food with Integrity），承诺以对动物、环境和农民最友好的方法获取原材料，采用最天然的食材以保证食品安全。

2017年春季，奇波特雷发布了一个系列片"RAD Lands"，用来教育Z世代选择健康的食物和可持续的资源，系列片中没有展示任何品牌，却让奇波特雷有机会和全新一代的新消费者分享它的理念。

2017年3月，奇波特雷首席营销官马克·克朗佩克（Mark Crumpacker）在接受《财富》杂志采访时表示："视频中展示的内容是企业文化的体现，我们忠于自己的企业理念。一个品牌的宣传片其观众并不仅仅是自己的顾客。所以，我们希望更多人看到奇波特雷推崇健康生活方式的倡议。"

品牌附加优势

即使在2016年爆发了大肠杆菌事件之后，Z世代也并没有放弃对奇波特雷的追随，它成为全美最受欢迎的快餐店，仅次于星巴克。

一位受访者表示："奇波特雷占我一周饮食的1/4。"另一位受访者则表示："我觉得这里的食物物超所值，一般花费很少就能吃饱，确实不错。"

在健康和营养方面，传统的快餐连锁已经无法满足Z世代对健康和营养的要求了。事实上，Z世代的饮食健康意识越来越强烈，有人认为Z世代将掀起第二轮"美食浪潮"。他们对于食物来源要求很严苛，追求"良心食品"，这正是奇波特雷取胜的关键。

与消费者建立关联

一直以来，奇波特雷发布的视频内容既有娱乐性又发人深思。在 2013 年《木偶奇遇记》(*The Scarecrow*) 的短片中，很多大品牌快餐连锁食物制作过程令人担忧；在 2011 年《回归自然》(*Back to the Start*) 的短片中，呼吁大家离开高度工业化的地方，回归纯天然的食材。

除此之外，在与 Z 世代互动中，奇波特雷也非常注重与社交媒体风格的一致性。克朗佩克说："Z 世代非常反感赤裸裸的广告，所以品牌的推广片应能引起其好感，而不是反感。"

秉承这样的品牌文化，并坚持发展定位，难怪奇波特雷能够成为 Z 世代最喜欢的快餐连锁品牌。

潘娜拉面包（Panera Bread）

潘娜拉与奇波特雷有许多相似之处。当提及 Z 世代最喜欢的食品时，这两个品牌总是缺一不可的。同样是快餐类食品连锁店，都提供新鲜的食材，食物制作过程透明，消费者选择哪一家，完全是一种习惯和信任。

品牌价值取向

潘娜拉定位就是提供"原汁原味"（Food as It Should Be）的食物。从 2015 年发布"The No No List"开始，潘娜拉取消了 80 多种他们认为不该添加在食物中的成分，并且承诺到 2016 年年底，这些成分将彻底消失在潘娜拉产品中。随后，潘娜拉首席执行官在《纽约时报》上发表公开信，向公众承诺将一如既往地供应最健康的食物。

2017 年，潘娜拉更是打起了"百分百无污染"（100% Clean）的营销战。通过电视和广告牌进行大力宣传，同时邀请顾客试吃，鼓励消费者分享试吃评价。

品牌附加优势

潘娜拉以高透明度的食材制作赢得了 Z 世代的信任。那么，除了健康的食物以外，关于潘娜拉，你还知道些什么呢？看一看下面这些你是否知道：

☐ 潘娜拉曾是美国最大的提供免费 WiFi 的连锁店，并且是第一家实现免费 WiFi 全覆盖的品牌；
☐ 潘娜拉是美国第一家主动在食品包装上标注热量值的品牌；
☐ 潘娜拉有一份隐藏菜单（包括牛排生菜卷，味道很赞！）；
☐ 潘娜拉每天都将剩下的食物免费送给当地的乞丐或救助站。

随着越来越多的年轻人选择在外面就餐，能够提供多样化的食物种类，并且保证食物的健康与营养，绝对是快餐企业成功的决定因素。

与消费者建立关联

潘娜拉在发展过程中，也十分注重利用科技的力量，为顾客提供更为便捷和高效的服务。无论是网上还是手机 App，顾客都可以提前几天或是几小时在线预订，并且填好自取时间，进入门店随到随取，完全无须排队等候。通过在线自助服务，顾客还可以保存属于自己的个性化订单，下次同样的订单就会自动匹配。

如果是堂食，顾客可以使用手机 App 下单，餐点由服务员直接送到餐桌上。最近几年，潘娜拉还在门店设立了小窗口，简化了点餐过程，避免让顾客长时间等待。我们在前面几章都提到过，Z 世代非常不喜欢等待。

丝芙兰（Sephora）

Michelle Phan 和 Zoella 等美妆师在社交媒体上经常发布化妆攻略和视频，她们越来越有影响力。化妆品行业在 2016 年迎来了发展的顶峰，几乎所有的商场都设有护肤品专柜，但是为何人们更钟爱丝芙兰呢？

品牌价值取向

丝芙兰最初发展壮大依靠三大战略，即丝芙兰加速计划、丝芙兰自信课程和丝芙兰公益计划。

每年，丝芙兰都会挑选10位有商业潜力的女性接受专业美妆企业家的指导，帮助她们创业，同时提供详尽的商业计划书和充足的资金支持，丝芙兰将这一行动称为"丝芙兰加速计划"。通过该计划，很多女性投身美妆产业；由于美妆店绝大多数顾客为女性，这样的项目确实大大提升了品牌知名度。

丝芙兰自信课程是该品牌与其他非营利性组织共同发起的免费课程，为广大女同胞提供适合不同职业特点的美妆指导。女性朋友可以在课程中学习日常护肤、化妆等技巧，不再灰头土脸地去上班，提升女性的自信心。

丝芙兰公益计划一方面为突遭变故的员工提供一定的资金救助；另一方面，通过该计划，丝芙兰积极参与社区公益活动，定期在本部或是旗舰店主办志愿活动日。

品牌附加优势

丝芙兰主要经营各种高端化妆品。但是，能够受到Z世代的欢迎，远不止它丰富的化妆品种类，还有它的一站式美妆服务。在产品方面，丝芙兰既提供性价比很高的化妆品，也有如Smashbox、Urban Decay和Too Faced等高端产品。在环境方面，顾客总能在这里感受到新鲜的体验和温馨的服务。此外，会员还可以享受丝芙兰内在美奖励，以及免费的形象提升课程，尤其是针对十几岁的少女开设的课程更是吸引了许多Z世代少年。

过去，人们基本上只能在药店或是高档商场购买化妆品，没有介于两者之间的其他选择。但是，丝芙兰的出现，为女性朋友提供了更多选择：顾客既可以买到时下流行的大众美妆产品，也可以找到高端产品。更吸引人的是，消费者还可以在这里免费试用。

此外，丝芙兰也很注重在顾客体验上的创新。针对Z世代追求真实感的需求而设计的 3D 试妆镜开创了美妆行业的新领域（见图 7-5）。这种虚拟试妆镜，利用 AR 技术，可捕捉顾客的面部特征，顾客只需点击屏幕上的眼影颜色，摄像头就能通过"视频流"将眼影"涂抹"在顾客眼部的准确位置，顾客转动头部就能从不同角度观察上妆的效果。

图 7-5　丝芙兰虚拟试妆镜

与消费者建立关联

和许多大品牌吸引 Z 世代消费群体的做法一样，丝芙兰懂得在社交媒体上与他们建立良好的互动关系，例如，Snapchat 和风靡网络的跨平台聊天软件 Kik。丝芙兰宣布将在通信应用 Kik 里，提供能和消费者一对一对话的聊天机器人，作为他们的"美妆顾问"，而且顾客无须跳转界面就能够完成下单流程（见图 7-6）。

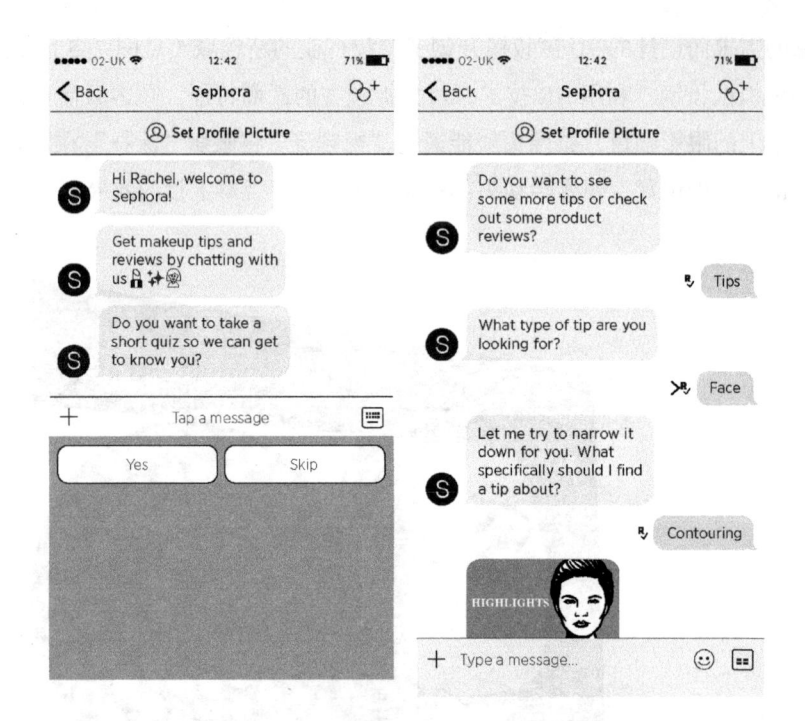

图 7-6　Kik 软件上聊天机器人与顾客互动

福来鸡（Chick-fil-A）

　　福来鸡是美国最成功的快餐连锁之一，而且加盟费用很低。2016年，福来鸡的销售额上涨了 18%，其增长速度位列全美第五名。其"吃更多鸡"的营销战一直沿用了 20 多年。可口的鸡肉三明治和华夫薯条，以及南部特有的亲切的服务，完全符合 Z 世代对快餐的理解。

品牌价值取向

　　2012 年福来鸡首席执行官丹·凯西（Dan Cathy）公开支持传统婚姻反对同性婚姻的言论遭到激进的 Z 世代青年的反对，发起"抵制福来鸡"的运动，而那些支持者却在福来鸡各个门店排起长队表示支持。这一事件创造了该品牌的日销售纪录。

自此之后，与很多大品牌一样，福来鸡尝试着迎合现代消费者的期待，抛开各种偏见，秉持更为包容的文化理念。同时，要求各个门店的经营者都要参与社区活动中，了解年轻人的思想动态。

福来鸡菜单开发部负责人大卫·法默尔（David Farmer）在接受采访时说："我们并不是政治组织，也不是激进的社会团体，我们只是普通的快餐经营者。我们希望每个人都爱上福来鸡。"

品牌附加优势

福来鸡在菜单上也是下足了功夫。为了与奇波特雷和麦当劳等老牌快餐店竞争，福来鸡菜单会经常增加新品，尤其是健康类食物。它的烤鸡米花和以甘蓝为主的超级食谱更是受到Z世代的喜爱。

福来鸡总是能够在细节上带给顾客宾至如归的体验，例如，餐桌上摆放的鲜花，服务生的礼貌用语，叫餐时呼叫顾客的尊称而不是冷冰冰的数字号，等等。对于以自我为中心的Z世代来说，这些都是极其重要的。

与消费者建立关联

有些顾客甚至在福来鸡新店开业前一夜就在店外支起帐篷（见图7-7）。

图 7-7　福来鸡新店开业前一夜人们在店外支起帐篷排队等候

关于福来鸡成功营销的另一个手段是在开张上大做文章。每一家新店开业，都会有很多老顾客受邀进店免费用餐。开业当日来这里消费的顾客可以获得一张 10 个三明治免单的优惠券，并且前 100 名用餐的顾客还可以参与抽奖，中奖的顾客能够获得一年的免单券。这样极具诱惑的优惠条件引来无数顾客争相排队，有些顾客甚至在开业前一夜就在店外支起帐篷，只为排一个位置靠前的号。

品牌营销危机

Z 世代推崇理想主义，对品牌的评价通常是直言不讳，充满热情、积极地表达观点，因而一旦喜欢某个牌子，就会成为忠实的粉丝。但是，从消极方面来看，如果你的努力与他们的喜好背道而驰，那么后果也是不堪设想的。

下面我们会探讨几个策略上有重大失误的品牌。这些品牌也曾试图用自己理解的 Z 世代喜好的方式与之互动，但不幸的是，这些方法适得其反。而社交网络的传播，更是火上浇油。

以下这些失误基本上源于糟糕的营销策略，与运气无关；所以，我们要做的就是从中汲取教训，避免重蹈覆辙。

百事（Pepsi）

"对待 Z 世代，千万不要像百事一样摆出一副高人一等的姿态，他们对此根本不屑一顾。"

——汤玛斯·辜洛普罗斯 《看百事的 Z 世代营销——引以为戒》
（Thomas Koulopoulos Watch Heineken School Pepsi on How to Advertise to Gen Z: It's a Lesson for Every Brand）

2017 年年初，百事发布了最新一季广告作为"活在当下"营销战的一部分。由名模 Kendall Jenner 主演的新广告描绘了一场示威游行活动——"为黑人遭受的不公平待遇抗争"（Black Lives Matter）。

广告中，Kendall 脱掉假发，加入游行人群，为了化解示威游行者与防暴警察之间剑拔弩张的紧张气氛，Kendall 将一罐百事可乐递给了其中一名警察。他开心地接过可乐，人群瞬间爆发欢呼声，所有的对抗烟消云散，呈现一片其乐融融的景象。

但是这支广告却彻底激怒了 Z 世代。

广告一发布就引来了一片谴责声，认为百事在利用这一抗议活动谋取商业利益，对这一严肃事件极其不尊重。另外，很多人指出，广告中描述的场景和 2016 年一位名叫 Leshia Evans 的护士向防暴警察献花的图景相似，这是在利用人们的痛苦进行商业营销。

很显然，百事这一击完全打偏了方向，一些情绪激动的消费者强烈抗议，要求百事解雇这一广告策划团队。马丁·路德金的女儿也在推特上发声，谴责这样的商业行为。最终，百事不得不撤下这支广告并公开道歉。

在这份道歉声明中百事解释道："我们想要传递团结、和平和理解。但是，很明显我们的做法适得其反，我们为此公开道歉。我们并不想消解抗议活动的严肃性，我们会删除广告，取消一切推广。同时，也向因此事件处于尴尬境地的 Kendall 女士表示歉意。"

就此次失败的营销来看，我们很难找到有效的补救办法。但是我要从中汲取一些教训。

首先，对于一些并未掺杂政治因素的商业品牌来说，将自己的营销卷入政治事件并不是明智之举。这是百事所犯的第一个错误。如果确实想要借助热点敏感话题进行品牌推广的话，就倡导种族公平这一广告主题，启用一位更具影响力的社会活动家远比与此事毫无关联的明星要更具说服力。

其次，Z 世代对广告真实性有着极高的要求。在抗议活动中，人们真的会因为手握一罐可乐而笑逐颜开吗？在当时的情境下，那些被警察包围的抗议者可能因为一罐可乐就高兴得像是在参加派对一样吗？

如果百事还不能认识到这一代年轻人关注的焦点的话，是很难看到胜利的曙光的。

好在百事立刻认识到问题的严重性，然后进行危机公关，迅速撤下广告，并公开道歉。当然，作为拥有百年历史的大品牌，百事当然不会因为一次失误事件就一蹶不振，及时且恰当的危机处理能够帮助品牌渡过难关。

阿贝克隆比 & 费奇（Abercrombie & Fitch）

过去，阿贝克隆比 & 费奇（以下简称 A&F）总裁麦克·杰佛瑞斯（Michael Jeffries）给品牌的定位是"只针对特定人群的服饰"。2006年在接受采访时，他更是直白地说："我们的衣服专为积极阳光的小朋友而设计，顾客以纯粹的美国人为主。很多人并不在我们的销售范围。听上去有些排外吗？我当然承认这一点。"

当被问及为何衣服的尺码最大只到 10 码（美国码），杰佛瑞斯回答："只有外表好看的人才会互相吸引，我们更喜欢那些外表靓丽的人穿着我们设计的服装。其他人买不买没有多大关系。"

这两次公开表态，都令 A&F 形象大损。而另一负面事件是该品牌拒绝录用一位 17 岁的穆斯林女孩儿，只因她在面试时戴了头巾。诸如此类事件还有很多。

A&F 并没有真正领会到 Z 世代对"平等"和"包容"的理解，也没有像他们期盼的那样，在广告中启用更真实贴近生活的模特形象。而最终结果必然是大失人心，销售额大幅缩水。

好在一次又一次的惨痛教训终于让 A&F 醒悟过来，借着品牌诞生 125 周年纪念活动的契机，"重塑体现现代消费者所崇尚的品格、魅力与自信的服装设计理念，沿袭作为美国服饰奢侈品牌所一贯秉承的高品质休闲服装的定位。"

在此之后的几年里，A&F 迅速占领市场，赢回了很多客户。在杰佛瑞斯被裁掉总裁一职之后，A&F 再次调整战略，告别性感营销，替换很多大牌明星，取而代之的是穿上 A&F 品牌服装更贴近生活的一些模特。

如今，该品牌开始慢慢转向 18—25 岁的顾客群体，广告中模特的身材也不像以前那样遥不可及，模特试穿的衣服，对大部分人来说也都能有相同的上身效果。2017 年，A&F 乘胜追击，在门店的设计上也进行了大刀阔斧的改革，增强了店面的透明度，增加更为私密的试衣间和店内淡淡的香气，这一切都是为了拉近与消费者之间的距离。时间将会证明 A&F 的这些改变是否能够给品牌带来巨大的转机（当然，我们对此十分乐观）。

伟大的时代已展露曙光

虽然我们只列举了 10 个品牌，但是很多品牌也在默默地朝着 Z 世代所期望的方向努力。那些营销策略更为生活化的品牌总是能够赢得 Z 世代的好感，因为长时间沉浸在数字虚拟世界的青年一代偶尔抽离一下，反而会感受到更多的新鲜和刺激。毕竟，数字控制的生活也会令他们感到疲惫，真实世界里的互动似乎已经成为一种放松的方式。

从实体店体验、橱柜陈列到直接邮寄广告的形式，一些品牌为了吸引 Z 世代消费者，无所不用其极。以 Zipcar 租赁为例，为了吸引顾客，竟然"潜入"校园，打起营销游击战。

案例分析

品牌：Zipcar。

现象：互联网汽车共享平台 Zipcar 将市场定位准确地转向大学校园。他们的目标很明确，就是要鼓励更多的 Z 世代青年人成为他们的客户。

操作：该品牌的校园营销战将目光聚焦在 Z 世代身上。他们首先盯上了校园内随处可见的背包，让这些背包成为一个个移动的广告牌，信息的传递方式更直接。车身上喷涂的表情符代表着不同的目的地，有效更有趣，成为另一个吸引眼球的移动亮点。此外，每年 3 月举办的大学生篮球联赛季，Zipcar 还免费提供自己在校园里的停车场作为临时场地。这些无疑都是吸引 Z 世代的有效策略。

成果： Zipcar 的这些营销手段都能够与 Z 世代真实互动起来。这些大学生喜欢用自己的方式享受 Zipcar 提供的个性化服务，例如，校园里停放的印有月亮符号的车就是"夜晚约会"的意思。除此之外，Zipcar 放权让学生们根据自己大学和周围社区氛围设计不同的汽车主题。这些校园互动式体验和穿梭在校园内的移动背包广告，确实为 Zipcar 带来了巨大的市场。

Zipcar 营销总监凯特·史密斯说："Z 世代的支持成为我们在市场中站稳脚跟的根基。他们似乎非常乐意跟我们互动，因为我们提供了更为个性化并符合他们期待的商业运行模式。"

真实的顾客体验

我们以冠名音乐节为例，Z 世代在享受难忘的娱乐体验的同时，一定会利用社交媒体分享自己的经历，这对品牌来说是十分有力的广告宣传。市场营销人员应当看到这其中的商业价值：Z 世代在活动中与品牌的互动一定会比品牌单方面的广告宣传辐射面更广。毕竟，他们不喜欢商家向自己"售卖"产品，他们想要的是双向选择。当他们沉浸在这类娱乐之中，自然会对品牌产生好感，更有可能成为品牌忠实的粉丝。

Pineapple Agency 调查显示，真实的顾客体验"更能将品牌价值展现得淋漓尽致，让顾客成为产品的宣传者而不仅仅是消费者，比单纯依靠产品和服务更有效"。

通过举办品牌赞助的活动，商家要做的就是在活动明显的位置投放品牌广告，无论是视频还是图片形式，而参与活动的消费者会帮你完成宣传的任务。他们享受了难得的娱乐体验，会迫不及待地发布到社交媒体上与朋友和家人分享。以"一传十、十传百"的方式，商家能够轻松完成推广的任务，并且赢得良好的口碑。

案例分析

品牌：TAKE5。

现象：在如何吸引 Z 世代消费者这个问题上，好时（Hershey）旗下巧克力棒品牌 TAKE5 非常清醒地认识到，传统的商业广告模式不再适用这一代人。商家需要做的是通过独特的、带有明显品牌印记的方式创造良好的口碑。为此，TAKE5 迈出的第一步就是参展全球最大的数字交互展览之一的 South by Southwest（以下简称 SXSW）。

操作：SXSW 以 Z 世代最钟爱的交互、电影和音乐三个单元为主，对于热爱尝鲜的他们来说这无疑是最好的去处之一。这也是每年的 SXSW 都能吸引无数商家的原因。TAKE5 就是其中之一。为了在众多品牌中脱颖而出，TAKE5 决定推出自己的品牌活动：包装交换礼品（Swag Exchange）。

这一简单的举动解决了 SXSW 展览最令人头痛的一个问题：过度包装和浪费。TAKE5 在各个主要展位旁设立 Swag Exchange 交换处，以基于供需比例的自定义算法计算每种包装的当日换算价值。在此次短短的 5 日展览中，大量游客来到 TAKE5 设立的交换处，用自己不需要的完好包装兑换一些更为需要的物品（例如快餐店优惠券或是其他活动的入场券等）。完成兑换之后，他们会继续享受接下来的盛会。SXSW 展览之后，TAKE5 会将收集到的未使用的包装全部捐赠给当地的奥斯汀非营利性组织（Austin Nonprofits）。

展会上，游客由 TAKE5 的品牌专员以分发巧克力棒的形式吸引到包装兑换处（此次展会大约发出 150000 支）。此外，展会期间，TAKE5 在 Instagram、推特和 Facebook 上也发起类似的活动，通过社交名人的转发和影响力，树立积极的公益形象，成为 Z 世代喜爱的品牌。

成果：本次参与包装兑换活动的有 2700 多人，这比预计的人数多出了一倍多，共收到 6000 多个包装，每个参加兑换的游客在 TAKE5 展位前停留的时间平均有 30 分钟之久，活动参与率高达 18%。此次绿色行动在线下和线上共引起 3270 万人次的关注。

让纸媒回归大众视野

纸媒能否死而复生？无论我们是否相信，对于 Z 世代来说，纸媒已经悄悄回到他们的视野之中。

Mintel's 2016《Z 世代营销》的调查报告显示，83% 的 Z 世代表示自己在收到邮件的时候是非常开心的。如果品牌忽视了纸媒的力量，那么很有可能错失吸引 Z 世代眼球的机会。在快递、邮件已经成为一种潮流的今天，商家切莫错失良机。

当 Byou 杂志联合创始人菲尔·吉利亚姆（Phil Gilliam）想要创办一份针对年轻女性的读物时，她身边的朋友们都站出来表示反对。他们认为现在已经没有人读纸质的东西了。在第一次创办了针对妈妈群体的读物失败之后，她将目光投向 8~16 岁的少女们，因为她发现 Z 世代更接受邮件。毕竟，在她们眼中，纸质的内容似乎更为可靠，而且拆包装的过程本身就是一种享受。尽管直接邮寄的方式算不上什么新颖的销售策略，但是对 Z 世代营销市场来说却十分受用。

太过平庸的广告当然很难引起消费者的兴趣，一定要在广告中加入他们喜爱的内容和形式。Mintel's 2016《Z 世代营销》的调查报告也指出，在生活类杂志上进行产品推广时可以附加产品目录扫描形式，将线下和线上的内容结合起来，增加消费者对品牌的忠诚度。

吉利亚姆解释说："商家要将纸质广告当作线上广告的一个载体。"

纸媒能够给消费者提供触觉感知，满足 Z 世代对真实体验的需求。由于他们过于熟悉数字媒体，因而在他们眼中，纸媒其实才是新鲜的、罕见的体验。

一些动态的内容（如免费预览、幕后访问）或其他独特的体验，能够激发他们的积极性，而不是看完就扔。事实上，好的纸媒要比数字广告更持久，因为它并不会转瞬即逝。

有趣的是，市场研究公司 ThinkNow Research 和 Sensis Agency 的新数据显示：纸媒对 Z 世代的吸引力排名前三的分别是拉美裔的 66%、非裔 64% 以及亚裔的 62%。

结语

　　Z世代是天生的消费主义者。他们清楚自己想要的东西，知道向谁索取，也知道如何索取。他们不仅知道自己的需求和偏好，也能洞察身边人的想法。在自己和同辈需求的驱动下，Z世代将成为有史以来最具影响力的一代消费者。

　　随着这一代赋权消费者的崛起，市场营销人员不得不涉足新的领域，开辟新天地的过程必然是艰难的。就在不久以前，我们还在疑惑如何面对千禧一代消费者，还没来得及完全理解他们的想法，就要面临战略调整的挑战。然而，在与千禧一代的互动中，我们最终探索出了适合的战略，那么在与Z世代的互动中，我们也能够战胜这些挑战，找准定位。

　　现在，是时候再向前迈进一大步了。就像是忧心忡忡的父母马上要将车钥匙交到刚刚取得驾照的孩子手上一样心存顾虑。这确实有些冒险，但这是前进路上必须做出的选择。面对以自我感受为中心的一代人，我们能做的就是倾听和支持他们的想法，成为他们创造美好世界的得力助手。

　　正如我们在前面所提及的，许多品牌已经走上了改革创新之路，另外一些也在积极探索如何去开辟新的道路，当然，还有一些品牌可能已经远远落在了后面。革新必定是艰辛的，依靠灵活和弹性的策略才能在未来市场中占有一席之地。

重点回顾

□ Z世代消费者要看的不仅是你做了什么，还要看你为何要这样做。品牌要付诸行动表明自己的立场，与之建立情感联系。

□ Z世代顾客忠诚度的下降并非这一代人不具备忠诚的品质，而是品牌所做的努力还不足以维持消费者对自己产品和服务的追随。他们购物的核心原则就是选择性价比最高的，那么，品牌必须要满足他们对价格和品质的要求，同时要支持他们的理念。

☐ Z 世代消费者在活动中与品牌的互动一定会比品牌单方面的广告宣传辐射面更广。他们在享受了难得的娱乐体验之后，会迫不及待地发布到社交媒体上与朋友和家人分享。以"一传十、十传百"的方式，商家能够轻松完成推广的任务，并且赢得良好的口碑。

☐ Z 世代对真实体验有着极高的要求，而纸媒能够给消费者提供触觉感知。在快递、邮件已经成为一种潮流的今天，商家切莫错失良机。

☐ 什么时候你的品牌名称被赋予动词含义，你就真的赢了。

Z世代营销

第八章
未来已来

　　未来，我们还有很大的提升空间，只要我们肯用发展的眼光看问题。基于前面大量的文字、引用的研究、数据以及参考文献，本书就如何利用Z世代的影响力树立自己的品牌形象，以及如何让这一代消费者成为自己品牌的追随者，阐明了自己的观点和立场。作为企业的领导者，我们要明确品牌的发展需要不断的变革，变革就需要巨大的勇气，如此才能为企业扫除前进路上的障碍。决策者当有魄力。

　　本书详细介绍了Z世代消费者的特点和作为营销人员的我们如何迎合他们的想法。接下来，我们以未来市场预测作为本书的结论，探讨品牌在未来市场定位中需要考虑的三个关键点。

Z 世代营销

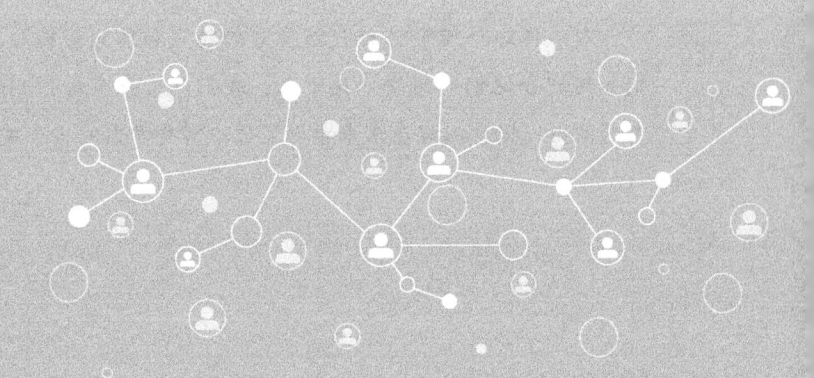

青年文化影响几代人

如今的年轻人已经代表了整个社会的主流价值观。市场的潮流走向和整体消费习惯都反映了青年一代的态度和看法。因为这一代消费者的成长过程完全伴随着数字科技、社交网络和移动通信的发展，他们所形成的思想倾向决定着品牌的生死。他们的需求与消费行为影响着企业的运营模式。他们有巨大的影响力，我们必须尝试着去理解他们的想法和行为。

在进行了十年的"千禧一代对15—65岁人群影响力"的追踪研究之后，抢先报道广告公司与伯克利大学以及剑桥集团共同发布了调查结果。通过分析年轻一代消费者的行为和态度，调查揭示了6种思想倾向对消费支出具有影响，并且贯穿各个代际。其中给我们最大的启示就是，青年文化对消费文化潮流具有预警作用。

在接下来的分析中，我们所提及的"青年思想倾向"并不专指Z世代，而是泛指受下一代人影响颇深的65岁以下的消费群体。

同理，下面列举的事例也不完全聚焦在Z世代身上。为了更好地解释什么是"青年思想倾向"，我们力图找到每一种思想倾向的典型代表，不管这个代表的群体是不是目标消费者。

社交圈：紧随潮流趋势

当营销人员听到"社交"一词的时候，更多想到的是社交媒体。当然，社交媒体是最强有力的工具，但它只是社交圈的一部分内容，是现代消费者参考的因素之一，而社交圈才是形成青年思想倾向的主要力量。除了社交圈，消费者参考的因素还包括人际关系。建立强大社交圈的品牌能够轻松地打入年轻人的小圈子，形成品牌最忠诚的粉丝团队。反过来，社交圈越大，口碑的传播速度就越快，影响范围就越广，当然，品牌收益就越高。

Trader Joe's（乔式超市连锁店，被亲切地称为"缺德舅"）是打造社交圈最为成功的一个品牌，大有星星之火可以燎原之势。每当 Trader Joe's 有新店要开业时，人们都会带着万分期待"奔走相告"。其成功的秘诀就在于，Trader Joe's 为顾客提供了可以与家人和朋友分享的新鲜体验，最大地发挥了社交圈和人际关系的作用。

招牌：对顾客的感染力

情感是另一个强大的力量。事实上，一旦顾客与某一品牌建立了情感上的依赖关系，是不太可能转而投向其他同类别品牌的。虽然与消费者建立这种情感联系的过程比较困难，但是品牌的收益也是与困难成正比的。

当顾客意识到某个品牌对自己具有特殊的意义，满足了自己的个性化需求，就一定会成为该品牌忠实的追随者。这种情感上的联系可能建立在亲民的价格之上，也可能建立在始终如一的高品质服务上。这样的思想倾向反映了时下流行趋势，即实用主义浪潮。有助于提升生活质量的品牌才能走得更远。

红牛饮料就是很完美的一个例子。作为全球最受欢迎的功能性饮料之一，红牛的品牌定位是开拓、刺激与冒险。当顾客选择红牛的时候，也就是在宣称"挑战极限，超越自我"。从赞助极限运动爱好者和运动员，到创造独一无二的极限运动项目，红牛以全新的理念为消费者提供了一种在其他品牌那里无法获得的体验。这样的情感联系一旦被唤醒就很难消退。

创新：不断自我提升和创新

科技的发展使得无论是个人还是企业的创新都变得更加容易。但是，一个领域中领先的技术也许在另一个评价系统中就显得不那么先进了。现代消费者期待产品创新所带来的新鲜感和高效性，让自己的生活变得更快捷，整体上越来越美好。新产品在科技上的巨大跳跃对任何一代人来说，都是具有很大吸引力的。

谷歌作为全球最好的企业之一，始终保持着成立之初的危机感，在创新的道路上从未偷懒。谷歌强力打造了一支思维敏捷、责任感强烈的创新团队。公司每周召开一次员工大会，领导层听取来自不同级别员工提的各种意见和建议。同时，谷歌开展员工提升计划，旨在培养员工良好的企业心态和创业精神。谷歌选拔员工的准则就是在各行各业中挑选最具创新精神的人，将他们的创造力发挥到极致。

事实上，正如谷歌广告业务高级副总裁苏珊·沃西基（Susan Wojcicki）所说的那样，谷歌并不是第一家搜索引擎公司，但是通过"更高的工作效率、更快的学习能力以及基于数据的运行速度"，谷歌最终成为同行中的No.1。并且，在之后的发展中始终保持这样的速度。由此可见，创新精神在企业发展中的作用是不容忽视的。消费者的需求会因创新而得到更好的满足，这种满足也会直接形成对品牌的认可。

信任：始终如一履行承诺

今天的顾客与品牌之间的距离越来越近，企业想要隐藏什么秘密或是重要信息已经不太可能了。取得顾客的信任才是正解，那些值得信赖的品牌都是透明度高、真实和利他主义者。

这里我们以联邦快递（FedEx）为例。联邦快递能够赢得消费者信赖，源于企业所传递的始终如一的品牌承诺。Natbase社交分析平台数据显示，在对消费者信任测评中，联邦快递始终稳居同行业第一位，其主要原因在于联邦快递的品牌承诺，使命必达。

宗旨：积极投身公益

消费者希望看到企业在牟利的同时具有一定的人文关怀。今天的企业一定要遵守三重底线：经济底线、环境底线和社会底线。任何一家企业都不可能仅靠牟利而站稳市场。消费者要看到的是品牌所创造的社会价值，以及在改造世界过程中所贡献的力量。

布雷克·麦考斯基（Blake Mycoskie）因他的"买一赠一"商业模式而广受赞誉。麦考斯基最初创立Tom's Shoes的目的是开展营利性事业，并且关注环境、经济和社会三方面。最终，他不仅达到了预期目标，而且开创了新的商业模式。Tom's Shoes在消费者最欣赏"青年思想倾向"调查的企业中排名第一。值得一提的是，这个排名不仅包括Z世代，还包括千禧一代、X一代和婴儿潮一代。企业如果能够守住这三重底线，展现自己的社会价值，必然受到消费者的拥戴。

便捷：实用与方便

便捷是消费者关注的关键因素。今天的消费者要享受的商品和服务不能给他们带来任何"顿挫感"，要与现实生活高度匹配，满足各种各样的需求。便捷不仅是一种实际存在，还要结合线上渠道，并且线上线下实现无缝连接。我们可以将此归结为：实用。

亚马逊完美地体现了这一理念。在线下单如今已经成为非常快捷的购物方式，只需要点击鼠标，提交信息，就可以坐等商品寄到自己手上。"亚马逊效应"正是顾客对商品和服务要求越来越高的产物。在实用与便捷方面，亚马逊可以说是开创了行业先例。

国际品牌的优势

万维网（World Wide Web）似乎让世界变得更小了。而Z世代可以称得上是全球化的一代。打破了地域的限制，Z世代可以轻松地与世界各地的同龄人进行互动。在Snapchat、Periscope和其他社交平台上，再远的距离也不再是障碍，人们可以了解世界各个地方的消息。

Meida Village的调查显示，超过半数的Z世代少年在高中以前有出国的经历。与他们的前辈相比，Z世代对国外产品并没有太多的偏见。他们崇尚平等、包容、多样性，渴望与世界各地的同龄人进行交流，所以他们对待品牌一视同仁，秉持相同的评价标准。无论是国内还是国外的品牌，名声和形象对于Z世代来说一样重要。

未来，国际品牌将会越来越占据主导地位，尤其是接近一半的千禧一代（Z世代更多）期待到国外工作或是定居。由于科技的迅猛发展，年轻一代的生活充斥着大量信息，他们的生活每天都受到国际化的影响，他们比以往任何一代所接触的信息都多，因而这一代人的国际化程度绝对不容低估。

自觉资本主义

我们在前一章中提到了企业的价值取向，Z世代消费者要看的不仅是你做了什么，还要看你为何要这样做。对于激进的Z世代消费者来说，"自觉资本主义"（Conscious Capitalism）品牌能够取胜，是因为这类品牌相信企业在获利的同时，肩负着改善人们生活品质的使命。

但是，不能将自觉资本主义与企业社会责任感画等号。企业社会责任感只是自觉资本主义的一个组成部分。企业社会责任感只是围绕着具体的实践行为或是企业的捐赠提升社区福利，而属于自觉资本主义的企业地位更高，其基本特征是极大地关注企业员工、消费者、社区以及环境的共同福祉。换言之，"谋福祉"已经深入企业运营的各个方面，成为常态而不是负担。

本杰瑞（BEN&JERRY'S）因其美味的冰激凌，成为最受欢迎的品牌之一。其产品只是吸引消费者的一个因素，本杰瑞致力为一切与品牌相关的人谋福祉，包括自己的员工、顾客和供货商们。它将自己的企业任务分为三个方面：

1. 产品任务：制作更多美味的冰激凌；
2. 经济效益：为企业稳定发展谋利；
3. 社会福祉：为创造美好的生活环境贡献力量。

本杰瑞参与社会公益最著名的事件当属"黑人的命也是命运动"（Black Lives Matter Movement）。该事件发生后，本杰瑞第一时间发布了最新口味的冰激凌回应该事件，引起了强烈的反响。与以往不同的是，这一次并没有以事件的名称命名新口味冰激凌，而是在自己的网站上公开发表文章支持种族平等运动。很显然，文章代表了企业最鲜明的立场，与其一贯的企业目标保持一致，积极推进文化的融合。

千禧一代是促进自觉资本主义企业发展的原动力。未来，Z 世代将与千禧一代一同引领潮流发展，他们对促进社会公平的觉醒意识将在全球化的大环境中成为势不可当的新力量。

对比千禧一代，Z 世代更愿意支持那些为改造世界而积极承担职责的品牌，有 72% 的 Z 世代受访者表示将来希望从事一些对社会发展有积极影响的工作。最终吸引 Z 世代的必将是展现了社会福祉层面价值观的企业。当然，自觉资本主义企业也并非完全的公益机构，其遵循下面四个基本原则：

1. 更高的企业目标——在追逐利润以外，有着更高的社会责任感；
2. 自觉的利益分配——在维护股东利益的同时，维护相关人员和团体的利益；
3. 自觉的领导管理——企业领导者关心企业的更高目标和所有人的福祉；
4. 自觉的文化意识——基于信任、权威性和透明度，创造更加人文的社会环境。

未来科技世界

在不久的将来，"聊天机器人""人工智能"和"物联网"等时下流行的词汇就会过时。我们正在步入一个前所未有的科技高速发展的时代。有一天，无人驾驶的汽车甚至会在空中自由穿梭，瘫痪的病人也可以通过大脑植入芯片完全康复，人脸识别支付也不再是什么高科技，到月球旅行也不再是异想天开的梦想，整个世界沟通再无语言障碍。世界无限延伸但沟通却更为便利。

科技的发展也会彻底颠覆今天的就业市场，Z 世代对这一切需要做出迅速反应。好消息是：他们已经做好了一切准备。但是我们呢？

巴克利创新事业部高级副总裁马克·罗根（Mark Logan）说："我

们所面临的经济环境与以往任何时代都不同。接下来的几十年，许多今天还存在的工作将被人工智能代替。"

同时，高科技的发展将会最大限度地满足人们对商品和服务的个性化需求，让生活变得更便捷，而这些对传统行业来说必然造成冲击，人工被机器取代，很多人将面临失业的窘境。在罗根看来，这对企业将意味着资本不平衡加剧。

罗根预测："未来世界变化速度之快，在人们意识到它发生时，为时已晚。未来三十年，将会有 50% 的职业消失，巨大的失业人数对再就业来说无疑是雪上加霜。"

到那时，像虚拟现实（VR）一类的高科技持续发展，到达新的高度，成为常态。未来，利用 VR 技术，我们享受全方位沉浸式影院的想法将成为可能。

罗根说："将来，如果我们觉得社交媒体已经无法满足我们的期待，那么我们完全可以享受现实虚拟。"

还有其他的预测吗？答案是肯定的。随着人们越来越沉浸在科技中无法自拔，参与非科技元素的活动，建立真实的关系以及现实空间将成为精英阶层的专享权利。巴克利智能发展部主管凯伦·费斯（Karen Faith）解释道，就像今天那些不用自己亲自做体力劳动而是雇用别人代劳的"特权阶层"一样，将来有一天，能够从充满科技元素的空间中抽离出来，哪怕只有一周、几天甚至几个小时的人，都可以贴上"尊享"的标签。

费斯说："我们将看到专门切断网络接入且不安装监控设备的场所。好友之间的沟通如果不依赖网络或是手机，会更让人感到兴奋。那些面对面的交流将成为罕见的现象。对于大众来说，远离科技的影响几乎是不可能的。这并不是因为我们需要更多的数据支持，而是需要更多的智慧、洞察力和清晰的思维。"

随着科技对世界发展的影响，作为品牌方的我们该如何应对？是畏手畏脚还是主动出击？你是否做好了大刀阔斧改革的准备？改革的浪潮席卷而来，只有努力做出调整才是唯一出路。

还在等什么？

通过本书，你已经对Z世代消费者有了清晰的认识，了解了他们的想法和消费习惯以及对品牌的期待。你也知道如何赢得这一代消费者的信赖，或是怎样做会导致客户流失。仁者见仁，智者见智，希望本书的内容能够引起你的共鸣。我们将共同见证这充满雄心壮志和智慧的一代人对世界的影响。他们将会创造一个更美好的时代，我们拭目以待。

重点回顾

☐ **如今，市场的潮流走向和整体消费习惯都反映了青年一代的态度和看法**。青年思想倾向主要体现在社交圈、招牌、创新、信任、宗旨和便捷六个方面，将全方位影响品牌的纵向发展。

☐ **未来，国际品牌将会越来越占据主导地位**。Z世代已经成为国际化的一代，考虑到他们在平等、联系和科技方面的高标准，国际品牌的地位总有一天会超越本土品牌。

☐ **对于激进的Z世代消费者来说，"自觉资本主义"品牌能够取胜**。因为这类品牌相信企业在盈利的同时，肩负着改善人们生活品质的使命。

☐ **未来几十年，受科技的影响，人们生活的方方面面都将发生巨大变化**。现代品牌不仅要在瞬息万变的市场中跟上科技发展的步伐，更要走在消费者前面，抢先一步满足他们的需求和期待。

说　明

我们是市场营销人员，而不是律师。所以，接下来的内容旨在提示，而非提供法律意见。一本关于Z世代市场营销内容的书籍将不可避免地提及年青一代消费者，这其中就包含13岁以下儿童。

正如前文所写到的，Z世代学会滑屏操作电子设备甚至早于开口学说话。他们从降生起，生活就已经被各种在线信息填满。而随着世界数字化进程的推进，品牌与消费者的沟通越来越直接和简单，13岁以下儿童也被卷入其中。无论是通过电脑、手机还是其他需要接入网络的设备（有些玩具需要接入网络），商家有大把的机会获取消费者的个人信息。这确实会引起家长的担忧。

美国国会于1998年通过了《美国儿童网络隐私保护法》（Children's Online Privacy Protection Act，以下简称COPPA），由美国联邦贸易委员会（FTC）强制执行。COPPA旨在保护儿童在线隐私安全，任何单位（商业网站或在线服务商）在获取儿童信息时需要经由家长许可，这些个人信息包括全名、家庭住址、邮箱地址、昵称、手机号、定位数据、SSN（美国社会安全卡Social Security Card）以及照片、视频或其他含有儿童图像或声音资料的文件。即使提供这些信息是儿童自愿的行为，也必须得到家长同意。

企业在遵守COPPA时需要注意以下几个方面（但不仅限于）：在显著位置声明在线隐私政策，向家长直接发送注意事项，并取得家长许可获取孩子信息，明确承诺不对外泄露儿童隐私信息。

与COPPA颁布时相比，科技进步了许多，FTC也对其准则做了相应调整。这意味着COPPA的适用范围扩展到社交媒体和手机应用。举例来说，如果你的目标顾客是13岁以下儿童，那么社交账号不能随意与网站链接；同时，在使用社交媒体时也要注意慎用含有年龄限制条款的平台，如推特禁止13岁以下儿童注册账号。我们必须严格遵守法律法规的规定。

在设计含有奖金类活动或比赛时也要注意当地法律条款。例如缅因州和加利福尼亚州针对 18 岁以下青少年的隐私信息都有明文规定。所以，在发起任何对 18 岁以下人群的有奖类活动之前，一定要做足法律功课。

为了确保商业活动的合规性，强烈建议品牌方访问 FTC 官方网站查阅相关条款，并与自己的法律团队做好沟通。违规行为将会面临巨额罚金，就连迪士尼这样的大公司都没能幸免于难（2011 年迪士尼公司被处罚了 300 万美元，是自 COPPA 颁布以来最大数额的罚金）。所以，遵从法律法规不仅是明智的商业决策，更是企业的义务。

后 记

Z世代将成为未来消费者市场的主要力量。他们已经开始了自己的旅程，而现在，该是市场营销者做好应对这一变化的时候了。未来市场将受到这一代年轻消费者的理想与期待的主导。

早在2011年巴克利与抢先报道广告公司一同对千禧一代态度和消费习惯进行研究开始，我们就已经成为全美最早开启市场营销研究的机构之一。通过与波士顿咨询服务管理集团（Boston Consulting Group and Service Management Group）合作，我们的研究成为同类研究中规模最大的，并且发布了我们的第一份报告《美国千禧一代：破译神秘的一代》（American Millennials：Deciphering the Enigma Generation）。自此之后，我们又陆续发表了数十篇同一话题的报告，以及两本著作：《千禧一代市场营销》（Marketing to Millennials）和《千禧一代父母营销指南》（Millennials with Kids）。

如今，我们又将目光转向Z世代。我们最初发表的《认识Z世代：与千禧一代差异》的研究报告中所涉及的关于Z世代的看法、价值观以及影响力贯穿于本书始终，为本书的写作奠定了基础。

我们所做的工作只有一个目的：揭示与Z世代互动的成功秘诀，为品牌领导者提供可操作的具体营销策略，帮助企业在现代销售市场上占有一席之地。

完成此著作并非易事。此书能够出版归功于杰夫·弗若姆、安吉·瑞得以及他们的团队所做的不懈努力。这是一支勤奋、对市场有着敏锐嗅觉，不仅理解客户需求而且对市场营销和广告推广都有着强大分析力的团队。

非常感谢您对本书的支持。希望书中的观点在品牌今后的发展中能够起到积极的作用。

杰夫·金（Jeff King）
巴克利首席执行官

Z世代营销

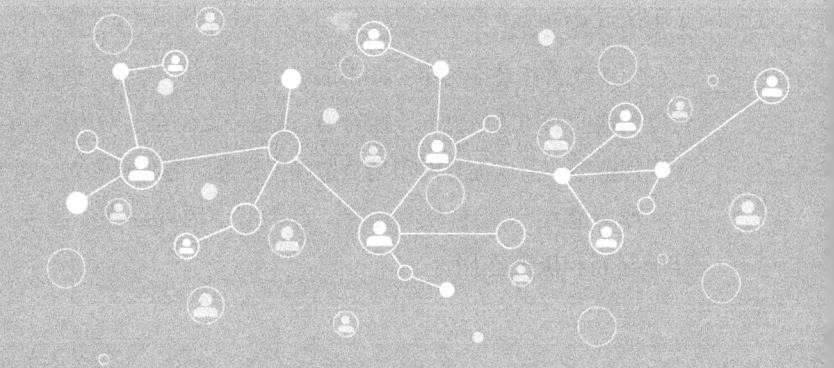

拓展阅读

绪 论

1. Jeremy Finch, "What Is Generation Z, and What Does It Want?" *Fast Company*, May 4, 2015, http://www.fastcoexist.com/3045317/what-is-generation-z-and-what-does-it-want

2. "Activities of Kids and Teens-US," Mintel Reports, November 2013

3. Our calculations are based on data from 2015 USDA child expenditures, 2016 US Census data, and 2016 Bureau of Labor Statistics consumer expenditure data. Contact authors for a copy of our analysis.

方法论

1. Source: Barkley Inc. and FutureCast, LLC., "Getting to Know Gen Z: How the Pivotal Generation is Different from Millennials," 2017.

第一章

1. "Hello, My Name Is..." United States Census Bureau, December 15, 2016, https://www.census.gov/library/visualizations/2016/comm/cb16-tps154_surnames_top15.html

2. Sandra L. Colby and Jennifer M. Ortman, The Baby Boom Cohort in the United States: 2012–2060, May 2014, http://www.census.gov/prod/2014pubs/p25-1141.pdf

3. Mario Carrasco, "3 Reasons Why Gen Z Will Disrupt Multicultural Marketing Models," MediaPost, August 4, 2016, http://www.mediapost.com/publications/article/280961/3-reasons-gen-z-will-disrupt-multicultural-marketi.html

4 "Multiracial Children," American Academy of Child & Adolescent Psychiatry, April 2016, http://www.aacap.org/aacap/Families_and_Youth/Facts_for_Families/FFF-Guide/Multiracial-Children-071.aspx

5 U.S. Census. "The White Population: 2010" U.S. Census, September 2011, https://www.census.gov/prod/cen2010/briefs/c2010br-05.pdf

6 Chris Hudson, "How Generation Z Are Being Shaped by Technology," UnderstandingTeenagers, http://understandingteenagers.com.au/blog/how-generation-z-are-being-shaped-by-technology/

7 George Beall, "8 Key Differences Between Gen Z and Millennials," Huffington Post, November 5, 2016, http://www.huffingtonpost.com/george-beall/8-key-differences-between_b_12814200.html

8 "Gen Z in the Classroom: Creating the Future," Adobe Educate, October 26, 2016, http://www.adobeeducate.com/genz/adobe-education-genz

9 "Cassandra Report: Gen Z," Deep Focus, April 14, 2015, http://www.deepfocus.net/press/deep-focus-cassandra-report-gen-z-uncovers-massive-attitude-shifts/

10 "The Edge of Seventeen," Cultural Insight, January 6, 2017, http://culturalinsight.com/category/generation-z/

11 Source: Barkley Inc. and FutureCast, LLC., "Getting to Know Gen Z: How the Pivotal Generation is Different from Millennials," 2017.

12 Ryan Scott, "Get Ready for Generation Z," *Forbes*, November 28, 2016, http://www.forbes.com/sites/causeintegration/2016/11/28/get-ready-for-generation-z/#43b12eda1dfe

13 KIDS COUNT Data Book, Annie E. Casey Foundation, 2016, http://www.aecf.org/m/resourcedoc/aecf-the2016kidscountdatabook-2016.pdf

14 Jenn Little, "Generation Z: Who We Are," Voices of Youth, http://www.voicesofyouth.org/en/posts/generation-z--who-we-are

15 Lucy Westcott, "World's Young People Are Most Afraid of Terrorism and Extremism: Report," *Newsweek*, February 8, 2017, http://www.newsweek.com/young-people-terrorism-extremism-fear-generation-z-553839

16 Stefanie O'Connell, "Forget Millennials: 7 Reasons Why Gen Z Is Better with Money," September 19, 2015, https://www.gobankingrates.com/personal-finance/forget-millennials-7-reasons-gen-z-better-money/

17 John Iekel, "Is 'Gen Z' Equipped to Finance Retirement?" ASPPA, November 11, 2016, https://www.asppa.org/News/Article/ArticleID/6958

18 Jeremy Finch, "What is Generation Z, and What Does It Want?" *Fast Company*, May 4, 2015, http:// www.fastcoexist.com/3045317/what-is-generation-z-and-what-does-it-want

19 Adapted from the "Gen X vs. Boomer Parenting" chart from "The First Generation of the Twenty-First Century" (2014), by Magid.

20 Source: Barkley Inc. and FutureCast, LLC., "Getting to Know Gen Z: How the Pivotal Generation is Different from Millennials," 2017.

21 "Innovation Imperative: Portrait of Generation Z," Northeastern University 4th Annual Innovation Poll, FTI Consulting, November 18, 2014, http://www.fticonsulting.com/insights/reports/portrait-of-generation-z

22 Shepherd Laughlin, "Gen Z Goes Beyond Gender Binaries in New Innovation Group Data," J. Walter Thompson Intelligence, March 11, 2016, https://www.jwtintelligence.com/2016/03/gen-z-goes-beyond-gender-binaries-in-new-innovation-group-data/

23 Source: Barkley Inc. and FutureCast, LLC., "Getting to Know Gen Z: How the Pivotal Generation is Different from Millennials," 2017.

第二章

1 "Uniquely Generation Z, What Brands Should Know About Today's Youngest Consumers," 2017 IBM Institute for Business Value Study in collaboration with the National Retail Federation, https://www-01.ibm.com/common/ssi/cgi-bin/ssialias?htmlfid=GBE03799USEN

2 George Beall, "8 Key Differences Between Gen Z and Millennials," Huffington Post, November 5, 2016, http://www.huffingtonpost.com/george-beall/8-key-differences-between_b_12814200.html

3 Gary Vaynerchuk, "This Generation Will Be Fine: Why Social Media Won't Ruin Us," March 16, 2016, https://www.garyvaynerchuk.com/this-generation-will-be-fine-why-social-media-wont-ruin-us/

4 Ryan Jenkins, "Generation Z vs. Millennials: The 8 Differences You Need to Know," Inc., July 19, 2017, https://www.inc.com/ryan-jenkins/generation-z-vs-millennials-the-8-differences-you-.html

5 "Uniquely Generation Z: What Brands Should Know About Today's Youngest Consumers." IBM Institute for Business Value in collaboration with the National Retail Federation, January 2017, https://www-935.ibm.com/services/us/gbs/thoughtleadership/uniquelygenz/

6 "Getting to Know Gen Z's Shopping Behaviors," Marketing Charts, July 20, 2016, http://www.marketingcharts.com/traditional/getting-to-know-gen-zs-shopping-behaviors-69200/

7 "Step Aside Millennials: Gen Z Has Arrived," Ideas In Digital, http://www.ideasindigital.com/step-aside-millennials-gen-z-has-arrived/

8 "Quizlet.com," Quantcast, https://www.quantcast.com/quizlet.com#/demographicsCard

9. Lyanne Alfaro, "Your $220 Million to the ALS Ice Bucket Challenge Made a Difference, Study Results Show," Business Insider, August 20, 2015, http://www.businessinsider.com/your-220-million-to-the-als-bucket-challenge-made-a-difference-2015-8

10. "The Gen Z Issue," Cassandra, https://cassandra.co/reports/2015/03/27/gen-z

11. "Marketing to Gen Z Starts by Unlearning Traditional Marketing Principles," Brian Solis, June 10, 2016, http://www.briansolis.com/2016/06/marketing-generation-z-starts-unlearning-traditional-marketing-principles/

12. "Activities of Kids and Teens-US," Mintel Reports, November 2013

13. Amanda Lenhart, "Teens, Technology and Friendships," Pew Research Center, August 6, 2015, http://www.pewinternet.org/2015/08/06/teens-technology-and-friendships/

14. Scott Fogel, "Why Everything Brands Say About Gen Z Is Wrong," *Fast Company*, October 1, 2015, https://www.fastcocreate.com/3051772/why-everything-brands-say-about-gen-z-is-wrong

15. Tessa Wegert, "5 Things Marketers Need to Know About Gen Z," Contently, June 30, 2016, https://contently.com/strategist/2016/06/30/5-things-marketers-need-to-know-gen-z/

16. Source: Barkley Inc. and FutureCast, LLC., "Getting to Know Gen Z: How the Pivotal Generation is Different from Millennials," 2017.

17. "Uniquely Generation Z, What Brands Should Know About Today's Youngest Consumers," 2017 IBM Institute for Business Value study in collaboration with National Retail Federation, https://www-01.ibm.com/common/ssi/cgi-bin/ssialias?htmlfid=GBE03799USEN

18. Nicholas Kardaras, "Generation Z: Online and at Risk?" *Scientific American*, September 1, 2016, https://www.scientificamerican.com/article/generation-z-online-and-at-risk/

19. "Gen Z: Get Ready for the Most Self-Conscious, Demanding Consumer Segment," Fung Global Retail & Tech, https://fungglobalretailtech.com/research/gen-z/

20. Connor Blakley, "How to Build a Marketing Campaign That Appeals to Generation Z," *Fortune*, December 5, 2016, http://fortune.com/2016/12/05/marketing-campaign-generation-z/

21. John Rampton, "7 Ways Marketers Can Reach Gen Z," Entrepreneur, March 10, 2017, https://www.entrepreneur.com/article/290387

22. "The Everything Guide to Generation Z," Vision Critical, October 2016, https://www.visioncritical.com/wp-content/uploads/2016/10/GenZ_Final.pdf

23. Marion K. Underwood and Robert Faris, "#Being13: Social Media and the Hidden World of Young Adolescents' Peer Culture," 2015, https://www.documentcloud.org/documents/2448422-being-13-report.html

24　Connor Blakley, "How to Build a Marketing Campaign that Appeals to Generation Z," Fortune, December 5, 2016, http://fortune.com/2016/12/05/marketing-campaign-generation-z/

25　"Gen Z Undoes Social Media," SWeb Development, August 24, 2016, http://www.swebdevelopment.com/social-media/gen-z-undoes-social-media/

26　Lauren Johnson, "Taco Bell's Cinco de Mayo Snapchat Lens Was Viewed 224 Million Times," *AdWeek*, May 11, 2016, http://www.adweek.com/digital/taco-bells-cinco-de-mayo-snapchat-lens-was-viewed-224-million-times-171390/

27　Melanie Shreffler, "Gen Z Is Already Misunderstood," MediaPost, October 15, 2015, http://www.mediapost.com/publications/article/260463/gen-z-is-already-misunderstood.html

28　Suzanne Bearne, "Forget Millennials, Brands Need to Win over Generation Z," May 22, 2015, http://www.campaignlive.co.uk/article/forget-millennials-brands-need-win-generation-z/1348169#YJDeeSyBk0KowSfd.99

第三章

1　"Step Aside, Millennials: Gen Z Has Arrived," Ideas In Digital, http://www.ideasindigital.com/step-aside-millennials-gen-z-has-arrived/

2　"Gen Z: A Look Inside Its Mobile-First Mindset," Think with Google, https://www.thinkwithgoogle.com/interactive-report/gen-z-a-look-inside-its-mobile-first-mindset

3　"Mobile and Tablet Internet Usage Exceeds Desktop for the First Time Worldwide," StatCounter, November 1, 2016, http://gs.statcounter.com/press/mobile-and-tablet-internet-usage-exceeds-desktop-for-first-time-worldwide

4　PepsiCo, "Chasing Exhilaration, Mountain Dew® Captures the Euphoric Feeling of Doing with New Global Campaign," PR Newswire, January 9, 2017, http://www.prnewswire.com/news-releases/chasing-exhilaration-mountain-dew-captures-the-euphoric-feeling-of-doing-with-new-global-campaign-300387602.html

5　Alex Williams, "Move over, Millennials, Here Comes Generation Z," *New York Times*, September 18, 2015, https://www.nytimes.com/2015/09/20/fashion/move-over-millennials-here-comes-generation-z.html?_r=0

6　Meg Cannistra, "4 Great Examples of Satisfying Snackable content," Ceros, April 13, 2016, https://www.ceros.com/blog/4-great-examples-of-snackable-content/

7　Kevin McSpadden, "You Now Have a Shorter Attention Span Than a Goldfish," *Time*, May 14, 2015, http://time.com/3858309/attention-spans-goldfish/

8　"'Gen Z': The Next Generation of Foodies," *Food Business News*, November 9, 2015, http://www.foodbusinessnews.net/articles/news_home/Consumer_Trends/2015/11/Gen_Z_the_next_generation_of_f.aspx?ID=%7BFC837626-9EF0-4E9B-95E6-308B162072BA%7D&cck=1

9 Lauren Johnson, "How Tasty's Addictive Cooking Videos Helped Buzzfeed Build a Food Empire," *AdWeek*, October 30, 2016, http://www.adweek.com/digital/how-tasty-mastered-social-publishing-part-buzzfeed-s-plan-make-50-revenue-video-174325/

10 Marina Lopes, "Videos may make up 84 percent of internet traffic by 2018: Cisco," Reuters, June 10, 2014, http://www.reuters.com/article/us-internet-consumers-cisco-systems/videos-may-make-up-84-percent-of-internet-traffic-by-2018-cisco-idUSKBN0EL15E20140610

11 Allison Boatman, "4 Reasons Why Visual Communication Has a Big Impact," TechSmith, January 31, 2017, https://blogs.techsmith.com/tips-how-tos/why-visual-communication-matters/

12 Karla Gutierrez, "Studies Confirm the Power of Visuals in eLearning," Shift, July 8, 2014, http://info.shiftelearning.com/blog/bid/350326/Studies-Confirm-the-Power-of-Visuals-in-eLearning

13 Haig Kouyoumdijan, "Learning Through Visuals," *Psychology Today*, July 20, 2012, https://www.psychologytoday.com/blog/get-psyched/201207/learning-through-visuals

14 "Gen Z Video Viewing Is Increasingly Social, but YouTube Still Rules This Sector—While TV Falls Further Behind," Business Wire, March 31, 2016, https://www.bulldogreporter.com/gen-z-video-viewing-is-increasingly-social-but-youtube-still-rules-this-sector-while-tv-falls-further-behind/

15 "Generation Z Loves Mobile Video—Just Don't Tell Them to Watch It," Marketing Communication News, August 31, 2016, http://www.thedrum.com/news/2016/08/31/gen-z-loves-mobile-video-just-don-t-tell-them-watch-it

16 "Brands Get Ready—Gen Z Are Growing Up and Ready to Challenge Says Kantar Millward Brown," Kantar Millward Brown, January 10, 2017, http://www.millwardbrown.com/global-navigation/news/press-releases/full-release/2017/01/10/brands-get-ready---gen-z-are-growing-up-and-ready-to-challenge-says-kantar-millward-brown

17 Meg Cannistra, "4 Great Examples of Satisfying Snackable Content," Ceros Blog, April 13, 2016, https://www.ceros.com/blog/4-great-examples-of-snackable-content/

18 "3 Tips for Re-Thinking Your Culture of Content and Engagement to Reach Gen Z," 2017, http://www.millennialmarketing.com/2017/05/3-tips-for-re-thinking-your-culture-of-content-and-engagement-to-reach-gen-z/

19 Tessa Wegert, "5 Things Marketers Need to Know About Gen Z," June 30, 2016, Contently, https://contently.com/strategist/2016/06/30/5-things-marketers-need-to-know-gen-z/

20 "AdReaction: Engaging Gen X, Y and Z," Kantar Millward Brown, http://www.millwardbrown.com/adreaction/genxyz/us/what-people-think-about-advertising/preferred-video-ad-formats

21 "Getting Gen Z Primed to Save the World," The Atlantic, sponsored content, All-

state, http://www.theatlantic.com/sponsored/allstate/getting-gen-z-primed-to-save-the-world/747/

22 Rick Wartzman, "Coming Soon to Your Office: Gen Z," Time, February 12, 2014, http://time.com/6693/coming-soon-to-your-office-gen-z/

23 "Donate Cell Phones to a Good Cause with the Help of HopeLine," Verizon Wireless, October 1, 2014, https://www.verizonwireless.com/articles/donate-cell-phones-to-a-good-cause-with-the-help-of-hopeline/?intcmp=vzwdom

第四章

1 Molly Thompson, "Description of How Marketers Can Use Maslow's Hierarchy of Needs," http://smallbusiness.chron.com/description-marketers-can-use-maslows-hierarchy-needs-39333.html

2 "Zeno Group Releases the Human Project 2016," Press Release, March 2, 2016, https://www.zenogroup.com/zeno-group-releases-the-human-project-2016/

3 George Carey, TEDxNaperville, https://www.youtube.com/watch?v=yLir3pHD3kI

4 Jens Manuel Krogstad, "5 Facts About the Modern American Family," Factank, April 30, 2014, http://www.pewresearch.org/fact-tank/2014/04/30/5-facts-about-the-modern-american-family/

5 "Children Have Refined Pester Power and Make Savvy Shoppers," YouGov Omnibus Research, June 11, 2015, https://today.yougov.com/news/2015/06/11/children-make-savvy-shoppers-have-refined-pester-p/

6 All figures in the chart are from YouGov Plc. Total sample size was 1,057 adults. Fieldwork was undertaken between March 4–13, 2015. The survey was carried out online. The figures have been weighted and are representative of all US adults (aged 18+).

7 Albert Caruana and Rosella Vassallo, "Children's Perception of Their Influence over Purchases: The Role of Parental Communication Patterns," *Journal of Consumer Marketing*, February 2003, https://www.researchgate.net/publication/247615154_Children%27s_perception_of_their_influence_over_purchases_The_role_of_parental_communication_patterns

8 C+R Research/YouthBeat Total Year 2016 data

9 "Generation Z Is the Driving Influence on New Customer Spending Patterns," HRC Retail Advisory, 2016, http://hrcadvisory.com/wp-content/uploads/2016/11/HRC-Consumer-Shopping-Survey_Key-Findings.pdf

10 Lauren E. Sherman, Ashley A. Payton, Leanna M. Hernandez, Patricia M. Greenfield, and Mirella Dapretto, "The Power of the *Like* in Adolescence," *Psychological Science*, Vol. 27, No. 7, 2016, http://journals.sagepub.com/doi/abs/10.1177/0956797616645673

11 Stuart Wolpert, "The Teenage Brain on Social Media," UCLA Newsroom, May 31, 2016, http://newsroom.ucla.edu/releases/the-teenage-brain-on-social-media

12 "10 Reasons Why Influencer Marketing Is the Next Big Thing," *AdWeek*, July 14, 2015, http://www.adweek.com/digital/10-reasons-why-influencer-marketing-is-the-next-big-thing/

13 Tapinfluence, https://www.tapinfluence.com/

14 "Deep Focus' Cassandra Report: Gen Z Uncovers Massive Attitude Shifts Toward Money, Work and Communication Preferences," Market Wired, March 30, 2015, http://www.marketwired.com/press-release/deep-focus-cassandra-report-gen-z-uncovers-massive-attitude-shifts-toward-money-work-2004889.htm

15 Susanne Ault, "Digital Star Popularity Grows Versus Mainstream Celebrities," *Variety*, July 23, 2015, http://variety.com/2015/digital/news/youtubers-teen-survey-ksi-pewdiepie-1201544882/

16 Celie O'Neill-Hart and Howard Blumenstein, "Why YouTube Stars Are More Influential Than Traditional Celebrities," Think with Google, July 2016, https://www.thinkwithgoogle.com/infographics/youtube-stars-influence.html

17 Jessica Liu, "Category Influencer Programs Are the New Paid Endorsements," Forrester, January 6, 2017, https://www.forrester.com/report/Category+Influencer+Programs+Are+The+New+Paid+Endorsements/-/E-RES136627

18 Joseph Steinberg, "10 Tips for Working with Social Media Influencers," *Inc.*, April 17, 2016, https://www.inc.com/joseph-steinberg/10-tips-for-working-with-social-media-influencers.html

第五章

1 Kristie Wong, "Generation Z—Who Are They?" December 15, 2016, http://blog.btrax.com/en/2016/12/15/generation-z-who-are-they/

2 Source: Barkley Inc. and FutureCast, LLC., "Getting to Know Gen Z: How the Pivotal Generation is Different from Millennials," 2017.

3 "How Social Media Dictates Happiness for Generations After Millennials: Gen Z," The Center for Generational Kinetics, February 1, 2016, http://genhq.com/how-social-media-dictates-happiness-for-generations-after-millennials/

4 "Children, Teens, Media, and Body Image," Common Sense Media, January 21, 2015, https://www.commonsensemedia.org/research/children-teens-media-and-body-image

5 Nick Reggars and Kirby Todd, "Social Habits of Highly Effective Teens," Medium, May 21, 2015, https://medium.com/@sfheat/social-habits-of-highly-effective-teens-af45d60f5e06

6 Deborah Weinsig, "Deep Dive: Gen Z and Beauty—The Social Media Symbiosis," Fung Global Retail and Technology, February 27, 2017, https://www.fungglobalretailtech.com/research/deep-dive-gen-z-beauty-social-media-symbiosis/

7 Kate Dwyer, "Why Some of Biggest Stars Are Deleting Their Accounts—Maybe You Should, Too," Teen Vogue, October 14, 2015, https://www.teenvogue.com/story/generation-z-teens-ditch-social-media

8 "Your Teen's Personal Online Brand," *Family Circle*, September 30, 2013, http://www.familycircle.com/blogs/momster/2013/09/30/your-teens-personal-brand/

9 Nicholas Kardaras, "Generation Z: Online and at Risk?" *Scientific American*, September 1, 2016, https://www.scientificamerican.com/article/generation-z-online-and-at-risk/

10 Emma Ryan, "A Guide For Marketing to Generation Z: Be Blunt, Be Engaging + Be Trustworthy," Wilde Agency, August 11, 2016, http://www.wildeagency.com/guide-to-marketing-to-generation-z/

11 Mark Schaefer, "Why Customer Personas May Be an Outdated Marketing Technique," April 27, 2015, Business Grow, https://www.businessesgrow.com/2015/04/27/customer-personas/

12 Abercrombie & Fitch, "2016 Annual Investor Report," http://ir.abercrombie.com/anf/investors/investorrelations.html

13 Monica Sarkar, "H&M's Latest Look: Hijab-Wearing Muslim Model Stirs Debate," CNN, August 26, 2016, http://www.cnn.com/2015/09/29/europe/hm-hijab-model/index.html

14 John Kell, "Majority of Nike's U.S. Employees Are Minorities for the First Time," *Fortune*, May 12, 2016, http://fortune.com/2016/05/12/nike-staff-diversity/

15 Victor De Vita, "Creating Brand Desire: Finding the Generation Z 'Sweet Spot,'" *Forbes*, June 8, 2017, https://www.forbes.com/sites/forbescommunicationscouncil/2017/06/08/creating-brand-desire-finding-the-generation-z-sweet-spot/#5d631799713e

16 Katie Carlson, "The Psychology of Brand Trust and Influencer Marketing," Experticity, February 2, 2016, https://business.experticity.com/the-psychology-of-brand-trust-influencer-marketing/

17 "Do Emotions Sell?" Marketing Enhancement Group, Inc., http://www.meg-research.com/downloads/Do-Emotions-Sell.pdf

第六章

1 Anjali Lai, The Rise of the Empowered Customer: Consumers' Evolving Behaviors and Attitudes Set the Pace for Innovation," Forrester, July 12, 2016, https://www.forrester.com/report/The+Rise+Of+The+Empowered+Customer/-/E-RES133207

2 "What Is Your State of Credit?" Experian, 2016, http://www.experian.com/live-credit-smart/state-of-credit-2016.html

3 Shannon Insler, "5 Important Money Lessons You Can Learn from Gen Z," Stu-

dent Loan Hero, February 14, 2017, https://studentloanhero.com/featured/gen-z-5-important-money-lessons/

4. "Uniquely Generation Z: What Brands Should Know About Today's Youngest Consumers," IBM Institute for Business Value in collaboration with National Retail Federation, January 2017, https://www-935.ibm.com/services/us/gbs/thoughtleadership/uniquelygenz/

5. Amanda Lenhart, "Teens, Social Media & Technology Overview 2015," Pew Research Center, April 9, 2015, http://www.pewinternet.org/2015/04/09/teens-social-media-technology-2015/

6. "Gen Z and the Future of Retail," Fitch, http://www.fitch.com/think/gen-z-and-the-future-of-retail

7. Adapted from original source: Fitch, "Gen Z and the Future of Retail," 2017.

8. Maria Bobila, "Generation Z: A Primer on Their Shopping and Fashion Habits," Fashionista, January 27, 2017, https://fashionista.com/2017/01/generation-z-shopping-habits

9. Original source: Euclid, Inc., Evolution of Retail: Gen Z Shopper Report, March 17.

10. "Generation Z Is the Driving Influence on New Customer Spending Patterns," HRC Retail Advisory, Fall 2016, http://hrcadvisory.com/wp-content/uploads/2016/11/HRC-Consumer-Shopping-Survey_Key-Findings.pdf

11. Max Berlinger, "Teenage Dream: How Urban Outfitters Is Navigating a Rocky Retail Scene," Refinery29, April 19, 2017, http://www.refinery29.com/2017/04/149086/urban-outfitters-teen-shopping-trends

12. Vivian Hendriksz, "Urban Outfitters: 'Every Store Is like an Experiment,'" Fashion United, September 4, 2015, https://fashionunited.com/news/retail/urban-outfitters-every-store-is-like-an-experiment/201509048078

13. Daphne Howland, "How Generation Z Is Transforming the Shopping Experience," RetailDive, March 29, 2017, http://www.retaildive.com/news/how-generation-z-is-transforming-the-shopping-experience/438194/

14. "Despite Living a Digital Life, 98 Percent of Generation Z Still Shop In-Store," Joint Press Release: IBM and NRF, January 12, 2017, https://nrf.com/media/press-releases/despite-living-digital-life-98-percent-of-generation-z-still-shop-store

15. "Uniquely Generation Z: What Brands Should Know About Today's Youngest Consumers." IBM Institute for Business Value in collaboration with National Retail Federation, January 2017, https://www-935.ibm.com/services/us/gbs/thoughtleadership/uniquelygenz/

16. Content Square, "Generation Z Market Study," 2017, http://go.contentsquare.com/hubfs/eBooks/%5BeBook%5D%20Generation%20Z%20%7C%20ContentSquare.pdf?t=1501076556347

17. Carl Hartmann, "3 Tips for Pleasing the Demanding Gen Z Online Shopper,"

Digital Commerce 360, December 6, 2016, https://www.digitalcommerce360.com/2016/12/06/3-tips-pleasing-demanding-gen-z-online-shopper/

第七章

1. Jeff Bezos, "Online Extra: Jeff Bezos on Word-of-Mouth Power," Bloomberg, August 1, 2004, https://www.bloomberg.com/news/articles/2004-08-01/online-extra-jeff-bezos-on-word-of-mouth-power

2. "Raising The Bar: How Generations Are Reshaping Brand Experiences," a Custom Technology Adoption Profile commissioned by American Express, May 2017, http://about.americanexpress.com/news/docs/Amex-Forrester-Gen-Z-Research.pdf

3. Leonie Roderick, "Why brand purpose requires more than just a snappy slogan," Marketing Week, February 15, 2016, https://www.marketingweek.com/2016/02/15/why-brands-must-prove-their-purpose-beyond-profit/

4. Natalia Angulo, "77% of Gen Z consumers want brands to reach out: Survey," Marketing Dive, Feb. 16, 2016, https://www.marketingdive.com/news/77-of-gen-z-consumers-want-brands-to-reach-out-survey/413887/

5. Generation Z to Switch the Majority of Purchases to Retailers that Provide the Newest Digital Tools and Channels, Accenture Global Consumer Shopping Survey 2017, https://www.accenture.com/t20170210T012359__w__/us-en/_acnmedia/PDF-44/Accenture-Retail-Customer-Journey-Research-2017-Infographic.pdf

6. "The Next Generation of Retail," Retail Perceptions, July 2016, http://www.retailperceptions.com/2016/07/the-next-generation-of-retail/

7. Chantal Fernandez, "Inside Lululemon's Unconventional Influencer Network," Fashionista, November 2, 2016, http://fashionista.com/2016/11/lululemon-ambassadors

8. Ashley Rodriguez, "Stung by Millennial Misses, Brands Retool for Gen Z," AdAge, May 19, 2015, http://adage.com/article/cmo-strategy/informed-millennial-misses-brands-retool-gen-z/298641/

9. Daphne Howland, "Target Gets Creative Help from Gen Z in New Apparel Line," Retail Dive, January 12, 2017, http://www.retaildive.com/news/target-gets-creative-help-from-gen-z-in-new-apparel-line/433922/

10. Bea McMonagle, "Members of Target's Retail Collaboration—Class of 2017—Chat Generation Z's Shopping Habits," *Forbes*, March 15, 2017, https://www.forbes.com/sites/beamcmonagle/2017/03/15/members-of-targets-retail-collaboration-class-of-2017-chat-generation-zs-shopping-habits/#74c33ea06067

11. Sam Frizell, "6 Things to Know About Apple CEO Tim Cook," Time, Oct. 30, 2014, http://time.com/3548342/tim-cook-apple/

12. "Netflix and Chill," according to UrbanDictionary.com, is "the new way of inviting your partner over to be together alone, but both of you know, although you might

not say it, what it will lead to. Hence, the term can now be used in place of the word "sex."

13 "Piper Jaffray 32nd Semi-Annual Taking Stock with Teens Survey," BusinessWire, Fall 2016, http://mms.businesswire.com/media/20161014005550/en/549773/5/Combined_Infographic_-_JPEG.jpg?download=1

14 Rakin Azfar, "Sephora Promotes Nationwide Social Impact Initiative Through Mobile Channels," Mobile Marketer, http://www.mobilemarketer.com/ex/mobilemarketer/cms/news/social-networks/23708.html

15 Hayley Peterson, "It Costs Nearly Nothing to Open a Chick-Fil-A—but There's a Catch," Business Insider, April 22, 2017, http://www.businessinsider.com/what-it-costs-to-open-a-chick-fil-a-2017-4

16 Clark Schultz, "Chick-Fil-A Continues to Gobble Up Market Share," Seeking Alpha, July 11, 2016, https://seekingalpha.com/news/3192530-chick-fil-continues-gobble-market-share

17 Hayley Peterson, "Chick-fil-A Is Making Big Changes to Take on Shake Shack and Chipotle," Business Insider, March 21, 2016, http://www.businessinsider.com/chick-fil-a-is-reinventing-itself-2016-3

18 Thomas Koulopoulos, "Watch Heineken School Pepsi on How to Advertise to Gen Z (It's a Lesson for Every Brand)," Inc., April 27, 2017, https://www.inc.com/thomas-koulopoulos/watch-heineken-school-pepsi-on-how-to-advertise-to-gen-z-its-a-lesson-for-every-.html

19 "Reaching Generation Z with Experiential Marketing," The Pineapple Agency, http://thepineappleagency.com/experiential-marketing/reaching-generation-z-with-experiential-marketing/

20 "Marketing to the iGeneration," Mintel, US, April 2016, http://reports.mintel.com/display/748696/

21 Nicholas Brown, "Generation Z and the Future of Print Marketing," Business.com, February 22, 2017, https://www.business.com/articles/nicholas-brown-generation-z-and-the-future-of-print-marketing/

22 Roy Eduardo Kokoyachuk, "ThinkNow Gen™ We Are Gen Z: We Are Shoppers Report," ThinkNow Research, February 1, 2017, http://www.thinknowresearch.com/blog/thinknow-gen-we-are-gen-z-we-are-shoppers-report/

第八章

1 Susan Wojcicki, "The Eight Pillars of Innovation," Think with Google, July 2011, https://www.thinkwithgoogle.com/marketing-resources/8-pillars-of-innovation/

2 Jack Myers, "Who are Gen Z and Why Do You Need to Meet Them?" MediaVillage, February 21, 2017, https://www.mediavillage.com/article/who-are-gen-z-and-why-do-you-need-to-meet-them/

3　John Zogby, "Millennials on the Move: How Communities Can Retain Them," *Forbes*, June 20, 2017, https://www.forbes.com/sites/johnzogby/2017/06/20/millennials-on-the-move-how-communities-can-retain-them/#1f702da03944

4　Katherine Barrett and Richard Greene, "Generation Z Wants a Job. Are You Ready to Hire Them?," Governing the States and Localities; March 23, 2017, http://www.governing.com/columns/smart-mgmt/gov-generation-z-workforce.html

5　Conscious Capitalism, n.d., https://www.consciouscapitalism.org/